ORGANIZATION
DEVELOPMENT
07
KB242851

이 시대 간호사를 위한
오늘 마음

ORGANIZATION DEVELOPMENT 07

이 시대 간호사를 위한
오늘 마음

버티지 않고 나답게 회복하는 법

박민아 베일리 정일진 지음

간호사를 위한 감정 훈련 안내서

plan b DESIGN

"오늘도 무사히 버텼다."

지친 몸을 이끌고 퇴근하는 길, 버스 창가에 머리를 기대며 우리가 가장 자주 하는 생각일지도 모릅니다. 병원 문을 나서는 순간 밀려오는 안도감과 함께, 머릿속에는 하루 동안 있었던 수많은 장면이 스쳐 지나갑니다.

진심을 제대로 전하지 못해 쌓인 오해, 사직을 고민하며 찾아온 후배에게 어떤 말을 해줘야 할지 몰라 함께 막막해하던 순간, 좋은 선배이자 숙련된 간호사가 되고 싶지만 현실의 벽 앞에서 스스로가 한없이 부족하게 느껴졌던 기억들. 거절하지 못해 남의 일까지 떠안으면서도 정작 나 자신의 마음은 제대로 챙기지 못하고, 그만큼의 인정조차 받지 못한다고 느낄 때의 공허함은 말로 다 표현하기 어렵습니다.

비단 간호사만의 고민이 아닙니다. 역할이 많아질수록, 책임이 커질수록, 관계의 깊이가 깊어질수록 우리는 점점 자신을 소진하는 방식으로 성실해지곤 합니다. 마음이 가장 지쳐 있을 때, 누군가 건네는 따뜻한 말 한 마디는 분명 큰 힘이 됩니다.

"지금 힘든 건 네가 잘못해서가 아니야. 너를 믿어도 돼."
"모두에게 친절할 필요는 없어. 네가 감당할 수 있는 만큼만 해도 괜찮아."
"오늘 하루를 무사히 보냈다는 사실만으로도 너는 충분히 잘 해냈어."

나를 믿는 사람이 건네는 이 다정한 문장들에 기대어 잠시 숨을 고르고, 다시 일어설 용기를 얻습니다.

선생님들과 함께하는 시간이 쌓일수록 저희는 한 가지를 자주 느꼈습니다. 위로는 분명 힘이 되지만, 비슷한 상황에서 또다시 마음을 다치고, 불편한 관계 속에서 반복적으로 무너지는 순간이 찾아올 때, 조금 더 실질적인 무언가를 드리고 싶다는 마음이었습니다.

오늘 마음

감정을 들여다보고 사례를 함께 탐색하는 코칭 세션에서, 선생님들은 누구보다도 빠르고 섬세하게 자신의 마음을 찾아냈습니다. 감정을 들여다보고 표현할 수 있는 구체적인 가이드만으로도 말이죠. "불안했다"가 아니라 "잘 해내고 싶은 마음이 커서 몸이 먼저 긴장했다"고 했고, "짜증이 났다"가 아니라 "내 말이 제대로 전달되지 않는다는 느낌에서 오는 답답함이었다"고 했습니다.

현장에서 직접 가이드대로 대화를 시도해 본 선생님은 이런 이야기를 들려주었습니다. "어색했지만 해보니 상대방에 대해 새롭게 알게 되는 부분이 있었어요. 좀 더 일찍 알게 되었으면 좋았을 텐데…" 프리셉터와 함께 '자기 개방 공식'을 실천해 본 선생님도 비슷한 이야기를 해주셨습니다. "저만 잘하면 되더라고요. 제가 더 쑥스러워하고, 후배들은 감정을 훨씬 더 잘 찾고 편하게 이야기했어요."

우리는 원래 자신의 마음을 잘 알고 있습니다. 다만 그것을 꺼내 볼 기회가 적거나 방법이 서툴렀을 뿐입니다. 작은 가이드 하나가 서로의 마음을 새롭게 보는 시각을 열어주고, 다른 방식으로 같은 마음이 연결되어 있다는 것을 알게 될 때 코치에게도 가장 기쁜 순간이었습니다.

이 책은 그 가이드를 담고 있습니다. 감정에 대한 이해, 마음을 전하는 방법, 흔들림 속에서 다시 일어서는 힘, 나다운 선택과 성장. 이 다섯 가지 여정을 함께 걸어가며, 선생님들 각자의 자리에서 조금 더 자신의 마음을 들여다볼 수 있기를 바랍니다.

감정에 대한 공부와 대화의 기술은 단순히 이론적으로 이해한다고 해서 바로 내 것이 되지 않습니다. 운동을 배워 근육을 기르듯, 구체적인 도구를 가지고 반복해서 연습하는 과정이 필요합니다. 책을 읽어나가며 마음을 울리는 문장이나 당장 적용해 보고 싶은 대화법이 있다면, 펜을 들고 직접 빈칸에 적어보셨으면 합니다. 그 작은 기록과 시도들이 차곡차곡 쌓일 때, 비로소 어떤 거센 파도 앞에서도 당신을 단단하게 지켜주는 내면의 힘이 길러질 것입니다.

편히 읽으셔도 되지만, 추천할 만한 방법을 소개합니다.

- 마음이 멈추는 문장에 표시를 합니다.
- 떠오르는 생각이나 아이디어, 무엇이든 적어둡니다. 바쁠수록, 나이가 들수록 자꾸 까먹더군요.
- 책을 덮기 전에 적용할 행동이나 아이디어는 핸드폰에 메모해 두거나 카메라로 찍어둡니다.

오늘 하루도 각자의 자리에서 치열하게 살아낸 당신의 오늘 마음을 진심으로 응원합니다.

오늘 마음

차례

1부

만남
-
마음을 만나다

:

**"감정을 알아차리는 것부터
시작하기"**

양질의 정보가 많으면 왜 이런 감정이 생기는지 이해하게 되고, 그 상황을 다른 시각으로 바라보는 데 도움이 됩니다. 1부에서는 심리학, 뇌과학, 감정 연구를 바탕으로 한 이론적 설명과 연구 결과들이 비교적 많이 등장합니다. 처음부터 다소 구조적이고 학술적인 내용으로 느껴질 수 있습니다. 이론적인 내용이 지금 당장 와닿지 않는다면, 공감되는 사례나 지금 필요한 부분부터 펼쳐보세요.

제1장

"괜찮아요"라는 말 뒤에 숨겨진 감정을 만나다

기분 나쁠 때 신경 쓰지 않는 것이 최선 아닌가요?

지원 업무를 맡은 지 1년 된 P 간호사는 어느 날 갑작스럽게 수간호사의 면담 요청을 받았다. 예정에 없던 면담이라 찜찜했지만 특별히 잘못한 일이 떠오르지 않았다. 면담실에서 수간호사는 조심스럽게 말을 꺼냈다.

"P 선생님, 며칠 전 지원 나갔던 병동에서 연락이 왔습니다. 선생님이 열심히 도와주셔서 고맙긴 한데, 언성이 높고 행동이 급해서 오히려 응급상황처럼 느껴진다고요. 2달 전에도 비슷한 피드백이 있어서 저와 이야기를 나누었지요. 이번에도 그럴 만한 이유가 있어서 선생님이 그렇게 하셨을 거라 생각합니다. 무슨 일이 있었는지 저에게 이야기해 줄 수 있나요?"

P 간호사는 순간 멍해졌다. '언성이 높다고? 내가?' 자신은 평소처럼 일했을 뿐인데 무슨 말인지 이해가 되지 않았다. 그저 가슴 한편이 답답하고 기분이 나빠졌다. 그

데이와 이브닝이 교차하는 스테이션

교대 근무가 이루어지는 스테이션은 늘 분주합니다. "오늘 바빴지? 밥은 먹었어?"라는 선배의 물음에 마치 프로그래밍된 기계처럼 대답합니다. "팀원들은 교대로 밥은 먹었구요. 저는 못 먹었는데 대충 다른 거 먹었어요. 괜찮아요. 오늘 좀 정신없긴 했는데 다행히 별일 없었어요."

사실은 '괜찮지' 않았습니다. 오전 내내 쏟아지는 호출 벨 소리에 화장실 한 번 못 갔고, 드레싱 카트를 밀다 발가락을 찧어 양말 속은 온종일 욱신거렸습니다. 무엇보다 낮에 만난 보호자가 간호사의 권한을 벗어난 무리한 요구를 하며 막무가내로 고함을 질렀을 땐, 마음 한구석이 깊은 한숨으로 가득 찼습니다. 그럼에도 "괜찮아요, 괜찮습니다"라고 말합니다. 어느덧 '괜찮다'는 말은 우리의 유니폼만큼이나 익숙해져버렸습니다. 그것이 스테이션의 평화를 깨뜨리지 않는 길이자 숙련된 간호사가 보여줘야 할 마땅한 태도라고 믿기 때문입니다.

간호사에게 '괜찮아요'라는 말은 단순한 답변을 넘어 일종의 사회적 방어기제 같습니다. 우리는 학교에서부터 병원 현장에 이르기까지 자신의 감정보다 환자의 상태를 우선시하도록 훈련받습니다. 내 마음이 요동치는 순간에도 당장 눈앞의 응급 상황을 처리해야 하기에 우리는 감정을 마음 깊은 곳에 밀어 넣는 법을 먼저 배웁니다.

문제는 이렇게 억눌린 감정들이 결코 사라지지 않는다는 점입니다. 밖으로 나오지 못한 감정은 마음속에 쌓여 우리를 조금씩 무너뜨립니다. 남에게는 한없이 친절하면서 왜 자신에게는 이토록 인색한 걸까요? 타인을 안심시키기 위해 "괜찮습니다. 저는 괜찮아요"라는 말을 반복할수록, 정작 위로받아야 할 자신은 철저히 소외됩니다.

흔히 잘 참는 것을 "인내심이 좋다. 감정 기복이 없다"고 칭찬하지만, 자제력은 사용할수록 소모되는 배터리와 같습니다. 간호사는 업무 시간 내내 이 배터리를 아주 빠르게 소모합니다. 부당한 상황에서도 화를 참을 때, 피로를 무릅쓰고 정확한 업무를 수행할 때, 환자의 불안을 달래며 차분함을 유지할 때, 끊임없이 자제력을 사용합니다. 특히 돌봄을 제공하는 직업인은 타인의 감정까지 받아내야 하기에 에너지 소모가 극심합니다. 이러한 상태가 지속되면 결국 정서적 소진(burnout)이 찾아옵니다. 소진은 어느 날 갑자기 닥치는 재난이 아니라 매일 무심코 삼켰던 수많은 "괜찮습니다"가 마음 바닥에 쌓여 만들어진 결과입니다.

잠깐, 지금 당신의 마음을 읽어보세요.

진정한 회복은 단순히 쉬는 것에서 시작되지 않습니다. 내 감정이 보내는 신호에 귀를 기울이고, 그것을 있는 그대로 인정하는 데서 시작됩니다. 아래 문장들을 천천히 읽으며 지금 내 마음이 멈추는 곳에 솔직하게 체크해 보세요.

내 마음이 보내는 신호

부정적/소진의 신호

☐	불안	어제 그 장면이 자꾸 머릿속에서 재생돼요.
☐	후회	내가 왜 그때 그냥 참았을까?
☐	외면	별로 힘든 것도 아닌데, 뭘.
☐	소진	아무것도 하기 싫고, 눕고만 싶어요.
☐	고립감	나만 이렇게 느끼는 건지 모르겠어요.
☐	무력감	열심히 하는 것 같은데 제자리인 것 같아요.
☐	두려움	내 속을 다 보이면 사람들이 이상하게 볼 것 같아요.
☐	의미 상실	요즘 출근하는 이유를 모르겠어요.
☐	조급함	더 빨리, 더 잘해야 하는데.
☐	자책	나는 왜 남들처럼 못 할까요?
☐	불확실함	이 자리가 내 자리가 맞는 건지 모르겠어요.

긍정적/연결의 신호

☐	보람	오늘 그 환자분 표정이 자꾸 생각나요. 좋은 의미로요.
☐	감사	별것 아닌 한마디인데, 괜히 힘이 났어요.
☐	설렘	이번 일은 왠지 잘 될 것 같은 느낌이 들어요.
☐	연결감	오늘 팀원이랑 뭔가 통하는 느낌이었어요.
☐	자부심	힘들었지만, 내가 잘 해냈다는 생각이 들어요.
☐	평온함	별다른 이유 없이 오늘은 그냥 괜찮은 하루였어요.
☐	성장	예전의 나였다면 이렇게 못 했을 것 같아요.

몇 개 정도 체크하셨나요? 많이 체크했다고 해서 이상한 것이 아닙니다. 오히려 자신의 마음을 솔직하게 들여다보고 있다는 증거입니다. 힘든 감정이 많든, 따뜻한 감정이 많든 지금 내 마음이 어디쯤 있는지 아는 것이 마음을 만나는 시작입니다.

왜 우리는 점점 더 자주 '화'를 느끼게 될까요?

우리는 환자의 증상은 빠르게 알아차리면서 정작 자신의 마음이 보내는 신호에는 둔감할 때가 많습니다. 앞서 체크한 문장들 중 유독 마음이 머물렀던 단어가 있다면, 그 말 뒤에 어떤 감정이 숨어 있는지 살펴봐야 합니다.

특히 최근 들어 사소한 일에도 쉽게 짜증이 나고 예민해진다면, 감정 시스템이 과부하 상태라는 강력한 경고일지 모릅니다. 사실 '화'가 폭발적인 에너지라면, '짜증'은 좁은 공간에 갇힌 연기처럼 우리를 서서히 질식하게 만듭니다. 반복되는 오버타임, 동료의 사소한 실수, 환자의 반복되는 호출벨 소리에 "아, 또 시작이네"라며 올라오는 짜증은 내 심리적 경계가 무너지고 있다는 신호일 수 있습니다. 나를 보호할 여력이 바닥났으니 제발 나를 좀 쉬게 해달라는 내면의 아우성인 셈입니다.

우리는 일상에서 "화났다"는 표현을 쉽게 씁니다. 환자가 협조하지 않을 때, 동료가 약속을 지키지 않을 때, 업무가 내 뜻대로 풀리지 않을 때도 화가 났다고 말하곤 합니다. '화'라는 말은 익숙하지만 조금만 깊이 들여다보면, 그 안에는 단순한 화 이상의 복잡한 심리 구조가 숨어 있다는 것을 알게 됩니다.

우리가 느끼는 화나 짜증이 종종 방어적 감정일 수 있습니다. 상처, 무시, 두려움, 외로움이 진짜 감정이지만, 그대로 드러내거나 표현하는 것이 너무 취약하고 부끄럽게 느껴질 때 우리는 무의식적으로 '화'나 '짜증'으로 포장합니다. '화'는 상대적으로 덜 나약해 보이는 감정이기 때문입니다.

이처럼 다른 감정 위에 덮여서 나타나는 감정을 '이차 감정(Secondary Emotion)'이라 부르고, 그 밑에 숨겨진 진짜 감정을 '일차 감정(Primary Emotion)'이라고 부릅니다.

예를 들어, 동료의 질문에 날카롭게 반응했다면 사실은 동료가 싫어서가 아니라, 내 업무 강도가 한계치에 도달해 '나 좀 도와줘, 너무 힘들어'라는 일차 감정이 숨어 있는 것입니다. 이 상황에서 "짜증났다(이차 감정)"라고 표현할 수 있지만 일차 감정은 '지쳤다'라는 감정이 더 가까울 수 있습니다. 환자 상태가 급변할 때 의료진에게 버럭 화를 내는 보호자의 마음도 실제로는 '가족을 잃을까

봐 너무 두렵고 무섭다'는 일차 감정이 자리 잡고 있을 것입니다. 또, 아무것도 하기 싫은 무기력함은 '열심히 해도 바뀌지 않는 상황에 깊이 상처받았다'는 슬픈 마음일지 모릅니다.

좀 더 구체적인 상황을 떠올려볼까요? 퇴근 후 집에 돌아왔는데 배우자가 약속했던 설거지를 하지 않았습니다. 순간 화가 치밀어 오릅니다. '또 이렇네! 맨날 약속을 안 지키네!' 하지만 그 화 밑을 들여다보면 다른 감정들이 있습니다. '나는 혼자 다 하는 것 같아 외롭다' '내 노고를 알아주지 않는 것 같아 서운하다' '나는 소중하게 여겨지지 않는 것 같아 상처받았다'. 이 상황에서 일차 감정을 찾아본다면 외로움, 서운함, 속상함 등일 것입니다. 우리는 "서운했어"라는 표현보다 '화'라는 감정으로 표현하는 것이 더 익숙하지요. 화를 내고 나면 내가 생각했던 것보다 강한 감정표현으로 나와 타인에게 상처를 주고 또 후회를 반복하곤 합니다.

아이를 키우는 부모의 경우도 비슷합니다. 퇴근 후 지쳐서 돌아왔는데 아이가 잔뜩 어질러놓고 숙제도 안 했습니다. "몇 번을 말해야 알아 듣니! 왜 맨날 이래!" 화가 폭발합니다. 하지만 그 화 안을 들여다보면 '나는 회사에서도 지쳤는데 집에서까지 힘들다' '나 혼자 다 감당하는 것 같아 벅차다' '좋은 부모가 되고 싶은데 자꾸 화만 내는 내가 실망스럽다'는 감정이 있습니다. 일차 감정은 지

 오늘 마음

침, 벅참, 자책인데 그것이 아이를 향한 화로 표출됩니다.

직장에서도 마찬가지입니다. 중요한 프로젝트를 준비했는데 상사가 "이건 아닌 것 같은데요"라고 말합니다. 순간 얼굴이 화끈거리며 화가 치밀어 오르죠. '내가 뭘 잘못했다는 거지?' 하지만 그 화 밑에는 '내 노력을 인정받지 못해 속상하다' '혹시 내가 부족한 건 아닐까 불안하다'는 감정이 숨어 있습니다.

아까 스테이션에서 수간호사의 피드백에 마음이 욱했던 P 선생님의 경우도 마찬가지였을 것입니다. 그때의 짜증이나 화 밑에 숨겨진 진짜 감정은 무엇이었을까요? 아마도 '최선을 다했는데 인정받지 못해 억울하다'거나 '내 노력이 충분히 보이지 않는 것 같아 속상하다'는 마음이었을 겁니다.

단순히 화만 표현하면 상대방은 방어적으로 변하거나 당신을 예민한 사람으로 치부하기 쉽습니다. 하지만 화 밑에 있는 일차 감정을 찾아내어 표현하면 상황이나 관계가 달라집니다. "왜 저한테만 그렇게 말씀하세요? 정말 짜증 나네요"가 아니라 "선생님, 저 나름대로 최선을 다해 준비했는데 부정적 피드백을 받으니 제 노력이 인정받지 못한 것 같아 속상한 마음이 듭니다"라고 말할 수 있습니다.

물론 현장에서 매번 이렇게 말하기는 어렵습니다. 하지만 적어도 나 자신에게만큼은 '아, 내가 지금 짜증이 나는 게 아니라 사실은 인정받고 싶어서 속상한 거구나'라고 정확하게 말해주는 겁니다.

화를 억누르면 분노가 축적되고 결국 수동-공격적 행동, 냉담함, 거리 두기, 관계 단절로 이어지기 쉽습니다. 반대로 화를 폭발시키면 상처를 주고 신뢰가 무너집니다. 사람들이 자신의 화를 더 세밀하게 들여다보도록 훈련받으면, 그 아래에 있는 진짜 감정, 즉 상처, 실망, 두려움을 발견하고, 이것을 인식하자 대인관계 갈등이 현저히 줄어든다고 합니다.[1]

오히려 화를 적절하게 표현하는 것이 관계를 건강하게 만들 수 있습니다.[2] 화를 인식하고, 그 아래의 욕구를 이해하고, 건강한 방식으로 표현하는 사람들은 갈등을 건설적으로 해결했습니다. 그들의 관계는 더 깊어지고, 서로를 더 잘 이해하게 되었습니다. 요즘에는 이러한 표현 방식을 구체적으로 훈련하고 연습할 수 있는 다양한 방법과 도구들도 점점 더 많아지고 있습니다.

화나 짜증이 자꾸 나는 것은 당신이 문제라서가 아닙니다. 자기 안의 중요한 무언가가 '나를 좀 알아달라'고 신호를 보내는 것입니다. 감정이라는 메신저와 메시지를 따라가다 보면 자기가 정말로 원하는 것, 자신에게 정말로 중요한 가치가 무엇인지 발견하게 될

 오늘 마음

것입니다.

우리가 습관적으로 말했던 '괜찮아요'라는 말은 단순한 예의를 넘어, 우리 삶의 전반을 조율하는 핵심 신호와 긴밀하게 연결되어 있습니다. 심리학과 뇌과학에서는 감정이 단순히 지나가는 기분의 문제가 아니라, 우리가 세상을 바라보고 행동하는 방식을 결정하는 가장 강력한 운영 체제임을 연구로 증명하고 있습니다. 감정이 우리 삶에 어떠한 영향을 미치는지 자세한 연구 결과는 다음 '감정이 삶에 미치는 다섯 가지 영향'을 참고해 주세요.

감정은 우리 삶에서 어떤 역할을 할까요? 많은 사람들이 감정을 '부수적인 것', 혹은 '조절해야 할 대상'으로만 생각합니다. 하지만 심리학, 뇌과학, 조직행동 연구들은 감정이 우리 삶의 거의 모든 측면을 좌우한다는 사실을 일관되게 보여줍니다.

예일대학교 감정지능센터의 마크 브래킷(Marc Brackett) 교수는 25년 넘게 감정이 우리 삶에 미치는 영향을 연구하며, 감정이 특히 다섯 가지 핵심 영역에서 강력한 영향을 미친다는 것을 밝혀냈습니다.[3]

주의력(Attention), 의사결정(Decision Making), 사회적 관계(Relationships), 건강(Health), 성과(Performance). 이 다섯 영역은 우리의 일상과 직결되어 있습니다. 무엇에 주의를 기울이고 무엇을 자동적으로 배제하는지, 어떤 판단 기준으로 선택을 하는지, 타인과 어떤 정서적 거리에서 관계를 형성하는지, 스트레스를 어떻게 처리하며 신체 상태를 어떻게 관리하는지, 그리고 몰입과 지속성을 통해 어떤 성과를 만들어내는지까지. 이 모든 영역은 우리의 감정 상태에 의해 영향을 받습니다. 이 다섯 가지가 감정에 어떻게 영향을 미치는지 좀 더 살펴보겠습니다.

• 주의력: 감정이 무엇을 보게 하는가

주의력은 단순히 개인의 의지력이 아니라 그 순간의 감정 상태에 의해 결정되는 뇌의 필터링 기능입니다. 신경과학자 리사 배럿(Lisa F. Barrett)에 따르면 뇌는 감정을 통해 현재 상황의 의미를 해석하고 주의를 기울일 방향을 조정합니다.[4] 불안하거나 화가 나면 뇌는 생존을 위해

'위험'을 감지하고 시야를 급격히 좁히는데, 이로 인해 상대방의 단점이나 나쁜 상황에만 과도하게 집착하는 '터널 시야' 현상이 발생합니다.

이 상태에서는 주변의 유익한 정보나 기회를 포착하기가 매우 어려워지며 사고방식 자체가 방어적으로 고착화됩니다. 실험에 따르면 공포 영화를 본 직후의 사람들은 중립적인 사진 속에서도 공격적인 의도를 더 빨리 찾아내는 경향을 보입니다. 반대로 마음이 안정되면 주의의 범위가 넓어져 평소 놓쳤던 정보들을 통합하고 새로운 가능성을 발견할 인지적 여유가 생기며, 이는 복잡한 문제를 해결하는 데 결정적인 도움을 줍니다.

• 의사결정: 감정 없이는 판단도 불가능

흔히 이성적인 판단을 위해 감정을 배제해야 한다고 생각하지만 실제로는 감정의 개입 없이는 합리적인 결정 자체가 불가능합니다. 신경과학자 안토니오 다마지오(Antonio Damasio)가 연구한 뇌 손상 환자 엘리엇(Elliot)은 지능은 정상이었으나 감정 처리 능력을 잃자 점심 메뉴조차 고르지 못하는 심각한 결정 장애를 겪었습니다.[5] 엘리엇에게 짜장면과 짬뽕은 그냥 '밀가루로 만든 음식 A'와 'B'일 뿐이었으며, "오늘은 왠지 매콤한 게 당기네"와 같은 미세한 감정적 끌림이 없다 보니 두 메뉴의 가치가 수학적으로 완벽하게 똑같아져 버린 것입니다.

감정은 수많은 선택지 중에서 나쁜 것을 쳐내고 나에게 유익한 것을 남겨주는 '가치 무게추' 역할을 하는데, 이 기능이 사라지면 사소한 데이터들을 무한히 비교 분석하느라 정작 실행에 옮기지 못하는 분석 마비 상태에 빠지게 됩니다.

우리는 하루에도 수십, 수백 개의 크고 작은 결정을 내립니다. 어떤 일을 먼저 처리할 것인가, 이 문제가 보고가 필요한 수준인가, 지금 이 일을 진행해도 괜찮은가, 이 상황에서 도움을 요청해야 하는가. 모두 감정의 영향을 받습니다.

• 관계: 감정의 전염이 일어나는 곳

인간은 타인의 표정과 말투를 통해 무의식적으로 감정을 공유하는 '감정 전염(emotional contagion)' 시스템 속에 살아가며 이는 사회적 생존의 핵심입니다. 우리 뇌 속의 거울 신경세포는 상대방의 미소나 찌푸린 미간을 실시간으로 모방하며 그 사람이 느끼는 정서를 우리 몸 안에서도 재현해 냅니다. 조직 내에서도 팀장의 무거운 표정 하나가 사무실 전체의 분위기를 순식간에 위축시키고 구성원들의 창의적인 의견 개진을 가로막는 보이지 않는 장벽이 되기도 합니다.

긍정적인 감정의 흐름이 단순한 기분의 문제를 넘어 팀 전체의 협업 능력과 최종 성과에 직결된다는 것을 보여주는 연구도 있습니다.[6] 존 가트맨(John Gottman)은 부부 관계의 지속 가능성을 예측할 때, 대화의 논리보다 그 속에 담긴 경멸이나 비난 같은 감정 표현의 빈도를 중요하게 보았으며, 긍정적 표현과 부정적 표현의 비율이 5:1 이하로 떨어지면 이혼 확률이 급격히 높아진다는 구체적인 수치를 제시했습니다.[7] 건강한 관계란 갈등 상황에서 감정을 어떻게 표현하고 조절하느냐가 핵심입니다. 감정 그 자체보다, 감정을 다루는 방식이 관계의 방향을 결정합니다.

오늘 마음

• 건강: 몸으로 가는 감정

"마음이 아프면 몸도 아프다"는 오랜 격언은 현대 과학이 증명하는 생물학적 사실입니다. 감정은 우리 몸의 자율신경계와 유기적으로 연결되어 있으며 지속적인 스트레스는 코르티솔 호르몬 분비를 늘려 체내 면역 시스템의 방어력을 약화시킵니다. 심리적 스트레스 수준이 높은 사람은 동일한 환경에서도 감기 바이러스에 감염될 확률이 물리적으로 훨씬 높게 나타났습니다.[8] 또한 분노를 습관적으로 억누르기만 하는 사람들은 그렇지 않은 사람들에 비해 혈압 상승 폭이 크며, 이는 장기적으로 심장 질환의 위험을 2배 이상 높인다는 통계적 근거도 있습니다.

반면 자신의 깊은 감정을 솔직하게 글로 쓰는 활동만으로도 백혈구 수치가 개선되고 실제 의료 기관 방문 횟수가 감소하는 등 신체 지표가 눈에 띄게 좋아진다는 긍정적인 방법도 있습니다.[9]

지금 어떤 감정 상태에 있는지 알아차리고 적절히 다루는 것은 몸을 보호하는 데에도 중요한 역할을 합니다.

• 창의성, 효율성, 성과: 능력을 만드는 감정

업무 성과와 창의성은 지능지수(IQ)만큼이나 그 사람이 처한 감정 상태와 심리적 환경에 절대적으로 의존합니다. 테레사 아마빌레(Teresa Amabile) 교수의 연구에 따르면 긍정적인 감정을 느낀 날은 뇌의 사고 영역이 유연해져 창의적인 아이디어가 유의미하게 증가하며 그 긍정적인 여파는 다음 날의 업무 집중도까지 이어집니다.[10]

구글의 '아리스토텔레스 프로젝트'는 최고의 성과를 내는 팀의 비결이 팀원들의 뛰어난 지능이 아니라 서로 비난받지 않을 것이라고 믿는 '심리적 안전감'이라는 정서적 토대에 있음을 밝혀냈습니다. 심리적 안전감이 확보된 팀에서는 구성원들이 자신의 실수를 숨기지 않고 공유하게 되며, 이는 투약 오류가 발생할 수 있는 의료 현장 등에서 사고율을 획기적으로 낮추는 안전장치가 됩니다.[11] 현대 사회에서 감정을 다스리는 능력은 단순한 개인의 성격 문제를 넘어 전문성과 리더십을 완성하는 핵심적인 직무 역량으로 평가받고 있습니다.

2장

생각이 감정을 만듭니다

생각이 자꾸만 삐딱해져요. 제가 이상한 걸까요?

이제 막 30대가 된 B간호사는 일하는 것이 바빠도 즐겁고 보람차던 때도 있었다. 요즘은 출근만 하면 화가 나는 일이 생긴다. 동료가 "지금 이렇게 보이는 게 정상 맞나요? 문제없는 거죠?"라고 물으면, 속으로 '오전에 물어봤던 건데 또 물어보네. 나를 무시하나?'라는 생각이 든다. 누군가 "요즘 얼굴이 피곤해 보여요"라고 하면 '평소랑 똑같은데 왜 그러지'하고 기분이 상한다. "준비 다 된 거 맞지요?"라는 확인에도 '아까 준비했다고 했는데 왜 또 확인하지? 나를 못 믿나?'하는 생각이 올라온다. 다른 사람이 들을까 속으로만 하는 이런 말들이 나도 모르게 밖으로 새어 나올 때, B간호사는 스스로도 깜짝 놀랄 때가 있다. 내가 이상한 건지 다른 사람들이 이상한 건지, 일에 지쳐서 찾아온 일시적인 권태기인지, 계속 이럴지 불안하다. 동료들과는 점점 더 멀어지는 것 같고, 기분 좋게 웃어본 일도 오래 전인 것 같다.

감정은 사건이 아니라 해석에서 온다

우리는 흔히 감정을 하늘의 날씨처럼 외부에서 불쑥 찾아오는 것으로 여깁니다. 좋은 일이 있으면 기분이 좋아지고, 나쁜 일이 생기면 기분이 나빠지는 것처럼 말이죠. 하지만 조금만 돌아보면, 같은 상황에서도 사람마다 전혀 다른 감정을 느끼는 경우가 많다는 것을 알게 됩니다. 차이는 사건 그 자체보다 그 사건을 어떻게 받아들이고 해석했는지에서 비롯됩니다. 우리의 생각 습관이 감정을 전혀 다른 방향으로 이끌 수 있다는 말입니다.

회의 중에 동료가 당신의 의견에 짧게만 대답하고 바로 다음 안건으로 넘어갔다고 해봅시다. 어떤 사람의 경험은 '아, 오늘은 일이 바쁘구나'라고 생각하며 별다른 감정 변화를 느끼지 않을 수도 있습니다. 반면 어떤 사람은 '내 의견이 별로였나?' '나를 무시하는 걸까?'라고 생각하면서 서운함과 불편함을 느낄 수도 있습니다. 같은 상황이지만 어떻게 해석하느냐에 따라 감정이 달라지는 것입니다.

이것을 심리학에서는 '사건과 생각과 감정의 연결고리'라고 부릅니다. 비슷한 일을 경험한 경우에도 어떤 사람은 우울하고 어떤 사람은 괜찮습니다. 이에 대한 연구결과, 사건 자체가 아니라 그 사건에 대한 생각과 해석이 중요하다는 것이 밝혀졌습니다. 우울한 사람들은 사건을 매우 부정적으로 해석하는 공통적인 패턴이 있다는 결과였지요. 부정적 해석이 자동적으로, 거의 의식하지 못하는 사이에 일어났고 '자동적 사고(automatic thoughts)'라고 부르게 되었습니다. 자신이 선택해서 하는 생각이 아니라, 오랜 습관처럼 자동 실행되는 생각입니다. 이 자동적 사고 때문에 감정이 빠르게 결정되는 겁니다.

흥미로운 점은 우리의 자동적 사고가 유독 부정적인 방향으로 기울어져 있다는 것입니다. 왜 그럴까요? 진화심리학자들은 이것이 생존을 위한 적응 메커니즘이라고 설명합니다. 몇 백만 년 동안 인류에게 긍정적인 신호를 놓치는 것(맛있는 열매를 못 찾는 것)보다 부정적인 신호를 놓치는 것(위험한 포식자를 알아채지 못하는 것)이 훨씬 더 치명적이었습니다. 우리 뇌는 부정적인 정보에 더 민감하게 반응합니다.

부정적 편향은 실제로 많은 도움이 되기도 합니다. 위험을 미리 감지하고, 실수를 반복하지 않도록 경계하며, 문제를 예측하고 대비하게 해줍니다. 간호사로서 피드백을 심각하게 받아들이고 다음번에 더 신중해지려는 것, 작은 실수에도 긴장하며 주의를 기울이는 것은 환자 안전을 위해 필요한 태도입니다.

문제는 현대 사회에서 이 시스템이 과도하게 작동한다는 점입니다. 더 이상 맹수의 위협 속에 살지 않지만, 뇌는 여전히 작은 피드백도 생존의 위협처럼 처리합니다. 적당한 경계심은 우리를 보호하지만, 지나친 경계심은 우리를 마비시킵니다.

이러한 사고 패턴이 실제로 어떻게 작동하는지, 간호사의 하루를 좀 더 들여다보겠습니다. 아침 컨퍼런스에서 수간호사가 B 간호사에게 "어제 A 환자 케이스에 대해서 이야기하고 싶어요. 저는 좀 더 신중하게 접근했으면 좋겠다고 생각했는데, 혹시 어떤 어려움이 있었나요?"라고 말합니다. 그 순간 B 간호사의 머릿속에서는 일련의 생각들이 빠르게 지나가지요. "또 잘못했구나." 피드백 하나가 전체 업무에 대한 평가로 바뀝니다. 어제 그 환자를 위해 했던 많은 일들 — 정확한 투약, 세심한 관찰, 가족과의 소통 — 은 모두 사라지고, 하나의 지적에 매달립니다.

'나는 원래 판단력이 부족해.' 한 번의 상황이 자신에 대한 고정된 결론이 됩니다. '항상' '절대'라는 단어가 붙으면서 이벤트 하나가 인생 전체의 패턴으로 확장됩니다. 몇 년간 쌓아온 수많은 적절한 판단과 잘 해온 일들마저 한순간에 지워지고 날아가 버립니다.

점심시간, 동료들이 모여 있는데 B 간호사가 다가가자 대화가 잠시 멈춥니다. '아, 내 얘기를 하고 있었나 보다. 다들 나를 문제 간호사로 보는 거야.' 확인하지 않았지만, 이미 사실처럼 느껴집니다. 실제로는 동료들이 점심 메뉴에 대해 이야기하던 중이었지만,

B 간호사의 마음속에서는 이미 결론이 났습니다.

오후에 작은 착오가 있었습니다. 조금 늦었을 뿐이고 환자에게 영향은 없었지만, 간호사의 머릿속에서는 다른 장면이 펼쳐집니다. '이러다 큰 사고가 날 거야. 환자가 위험해질 수도 있어.' 생각이 꼬리에 꼬리를 물고 따라옵니다.

퇴근 전, 선배 간호사가 "오늘 수고했어요"라고 말합니다. 하지만 B 간호사는 '그냥 하는 말이겠지. 나한테 할 말이 없어서 그런 거야'라고 생각합니다. 잘한 일은 쉽게 흘려버리고, 못한 일만 마음에 깊이 새겨집니다.

집에 돌아와서도 불안이 가시지 않습니다. '이렇게 불안한 걸 보니, 정말 내가 문제가 있는 게 맞아. 뭔가 잘못된 거야.' 감정 자체가 현실의 증거가 되고 맙니다. 감정이 중요한 신호이긴 해도, 항상 정확한 것은 아닙니다. 피곤할 때 세상이 더 버겁게 느껴지는 것처럼, 우리의 감정 상태가 현실을 있는 그대로 반영하는 것은 아닙니다.

생각이 감정을 만들고, 강한 감정은 행동을 바꿉니다. '나는 무능하다'는 생각은 불안을 낳고, 불안은 행동을 위축시킵니다. 다음 날 회의에서 B 간호사는 자신의 의견을 말하지 않습니다. 새로운 업무는 되도록 피하려고 합니다. 경험이 줄어들고, 그 결과 다시 '나는 정말이 일에 맞지 않나 봐'라는 생각이 강화됩니다. 생각, 감정, 행동은 서로를 강화하는 부정적 순환고리를 만듭니다. 이 순환은 우리 자신도 알아차리기 어려울 만큼 자동적으로 빠르게 일어나는 것이죠.

혹시 선생님들도 이런 생각들 해보신 적 있으시죠?

☐ 한 가지라도 잘못되면 '완전히 망했다'고 생각한다.

☐ 한 번 실수하면 '나는 원래 이래' '맨날 이래'라고 생각한다.

☐ 상대방이 무표정하거나 말이 없으면 '내 탓'이라고 먼저 생각한다.

☐ 다른 사람이 무슨 생각을 하는지 '알 것 같다'고 확신한다.

☐ 잘한 일은 '별거 아니야' '운이 좋았을 뿐'이라고 넘긴다.

☐ '~해야만 해' '~하면 안 돼'라는 생각이 자주 든다.

　(예: 실수하면 안 돼, 완벽해야 해, 약해 보이면 안 돼)

☐ 안 좋은 일이 생기면 '내 탓'이라고 생각한다.

☐ 하루 종일 안 좋은 일이 머릿속을 떠나지 않고 생각난다.

☐ 작은 칭찬은 가볍게, 작은 비판은 무겁게 받아들인다.

☐ '다른 사람들은 다 잘하는데 나만 못한다'고 생각한다.

여러 문항에 체크하셨다면 자연스러운 결과입니다. 이런 생각들이 자주 든다는 것은 책임감이 강한 사람이기 때문입니다. 많은 간호사들이 '완벽해야 해' '실수하면 안 돼'라고 생각하는 것은 환자를 소중히 여기고, 일을 잘하고 싶어 하는 마음에서 비롯됩니다.

실제로 이러한 경계심은 실수 없이 일하게 해주는 원동력이 됩니다. 작은 것도 놓치지 않으려 애쓰고, 한 번의 피드백도 진지하게 받아들이며, 항상 더 나아지려고 노력하는 모습, 그것이 바로 현장에서 만나본 간호사 선생님들의 모습이었습니다.

적당한 조심은 우리를 보호하지만, 너무 잘하고 싶어하거나 과도한 부정적 사고는 우리를 실제보다 더 무능하게 만들고, 가능성을 시도조차 못하게 막으며, 관계마저 왜곡합니다.

위험한 것이 나쁜 것은 아니다

왜 우리는 이렇게 부정적으로 생각하게 된 걸까요? 우리 뇌가 원래 그렇게 만들어졌기 때문입니다. 인류의 조상들이 살았던 환경과 상황을 떠올려보세요. 숲속에서 바스락거리는 소리가 들렸을 때, '아무 일 아니겠지' 하고 넘긴 사람과 '맹수가 숨어 있는 건 아닐까?' 하고 도망간 사람 중 누가 더 오래 살아남았을까요? 부정적인 가능성에 민감하게 반응하는 것은 생존에 유리한 방식이었습니다.

'부정성 편향(negativity bias)'을 뇌파 실험을 통해 연구한 학자들은[12] 긍정적인 이미지보다 부정적인 이미지를 처리할 때 대뇌피질에서 더 큰 전기적 활성화가 일어남을 발견했습니다. 부정적인 정보는 뇌에서 더 과대평가되고, 더 오래 강렬하게 기억됩니다.

나쁜 경험은 좋은 경험보다 약 5배 더 강력하게 영향을 미쳤습니다.[13] 하나의 비판은 다섯 개의 칭찬으로도 상쇄되지 않는 거지요. 우리 뇌는 여전히 작은 표정 변화, 애매한 말투, 반복된 질문 같은 신호에 민감하게 반응합니다. 누군가 무심코 건넨 말을 두고 '날 무시한 게 아닐까?' 하고 떠올리는 것은 우리의 본능적인 생존 프로그램이 작동한 결과입니다. 다시 말해, B 간호사가 느끼는 불편함은 그녀만의 문제가 아니라 인간이라면 누구나 지닌 본능일 수 있습니다.

여기서 중요한 구분이 필요합니다. 우리 뇌가 위험에 민감하게 반응하는 것과, 이 상황이나 현상을 나쁘다고 해석하는 것은 다릅니다. 부정성 편향은 '조심해야 할 것'을 빨리 알아차리게 해줍니다. 조심해야 하는 상황에 지속적으로 노출되거나 그것에 민감한 사람들은 '조심해'라는 뇌의 신호와 '위험한 것은 피곤하고 나쁜 것이다'라는 나의 해석을 구분하는 것이 필요합니다. 부정성 편향은 생존에 필요한 기능입니다. 문제는 이 능력이 과도하게 작동하여 실제로는 위험하지 않은 것까지 위협으로 받아들이고, 중립적인 사건도 부정적으로 왜곡할지 모릅니다.

후배가 같은 질문을 두 번 하는 것은 '주의가 필요한 신호'입니다. '혹시 내가 처음 설명을 명확하게 하지 못했나?' '이 후배가 불안해하나?' '이 업무가 복잡해서 확인이 필요한가?'라는 해석은 내가 예상하지 못했던 상황을 점검하도록 합니다. 하지만 '나를 무시한다' '나를 믿지 못한다'라고 해석할지도 모릅니다. 부정성 편향은 감정을 악화시키고 관계를 손상시키는 방향으로 나아갑니다.

부정성 편향을 조절하는 방법이 있을까요? 심리학자 마틴 셀리그먼(Martin Seligman)은 '설명 양식(explanatory style)'이라는 용어를 제시했습니다. 같은 부정적인 일을 겪고도 왜 어떤 사람은 다시 일어서고, 어떤 사람은 쉽게 무너지는지에 주목했습니다. 그 차이는 사건 그 자체가 아니라, 그 사건을 어떻게 설명하느냐에 있었습니다.

비관적인 설명 양식을 가진 사람은 좋지 않은 일이 생기면 이렇게 해석하고 말하는 경향이 있습니다. '이건 내 탓이야(내적, internal)' '나는 원래 항상 이래(안정적, stable)' '이 일 하나로 모든 게 다 망가졌어(전반적, global).' 사건이 나에게서 비롯된 것처럼 느껴지고, 앞으로도 계속 반복될 것 같으며, 삶 전체로 번져 나갑니다. 시간이 지나면 작은 일에도 쉽게 지치고, 회복하기 어려워집니다.

반면 낙관적인 설명 양식을 가진 사람은 같은 일을 조금 다르게 받아들였습니다. '이건 상황 때문일 수 있어(외적external)' '이번에만 그런 걸 수도 있지(일시적unstable/temporary)' '이 부분에서만 어려웠던 거야(특정적specific)'. 문제가 전체를 규정하지 않도록 거리를 둡니다. 감정이 흔들리더라도 다시 균형을 찾을 여지가 남아 있습니다.

오해하지 말아야 할 점이 있습니다. 낙관적인 해석은 위험을 무시하거나 현실을 미화하는 태도가 아닙니다. 낙관적인 설명 양식을 가진 사람도 문제를 보고, 위험을 알아차립니다. 다만 그것을 필요 이상으로 키우지 않고, 자신의 가치나 정체성 전체로 확대하지 않을 뿐입니다. 위험에 주의를 기울이되, 나쁘게 단정하지 않는 것입니다. '조심해야겠다'와 '이건 분명 나쁜 일이다. 난 망했다'를 구분하는 것이죠. 이 차이가 감정을 지키는 중요한 경계선이 됩니다.

우리 뇌가 위험 신호에 민감한 것은 잘못된 것이 아닙니다. 위험으로부터 보호하려는 본능입니다. 문제는 이 본능이 과도하게 작동할 때, 그리고 그것을 구분하지 못할 때입니다. 실제로 위협이 아닌 상황까지 위협으로 받아들이게 되면, 우리는 필요 이상으로 스스로를 몰아붙이게 됩니다. 그럴 때면 '내가 과도하게 위험하다고 생각하고 있을지도 몰라' '내가 이상해서 이런 생각을 하는 것은 아니야'라고 재해석해 보는 것은 어떨까요?

감정의 롤러코스터를 넘어서

너무 속상하고, 극단적이거나 부정적인 생각이 반복해서 떠오른다면 전문가의 상담을 받아보는 게 도움이 됩니다. 간단한 감기에도 병원을 찾는 것처럼, 마음이 힘들 때도 전문가를 찾아가보라는 조언은 꼭 필요한 선택지입니다. 생각의 습관이 이미 혼자서 감당하기 어려울 만큼 굳어졌다면, 누군가와 함께 들여다보는 것이 회복의 가장 빠른 길입니다.

여러 이유로 당장 상담이 어렵다면, 일상에서 스스로 시도해 볼 수 있는 방법도 있습니다. 큰 결심이나 강한 의지가 필요한 것이 아니라, 생각이 움직이는 방향을 조금만 느리게 만드는 연습입니다.

좋은 소식은 생각의 습관을 바꿀 수 있다는 것입니다. 자동적으로 떠오르는 생각을 완전히 막을 수는 없지만, 그 생각을 알아차리고, 그대로 믿지 않을 선택은 할 수 있습니다. 감정을 억지로 누르거나 없애려고 애쓸 필요는 없습니다. 오히려 감정이 크게 흔들린 순간에, 이면에서 어떤 생각이 작동했는지를 살펴보는 것이 도움이 됩니다.

첫 번째 단계는, 감정이 크게 요동친 순간을 붙잡는 것입니다. "회의에서 상사가 내 의견에 아무 반응을 보이지 않았다"처럼, 가능한 한 사실 그대로 적어봅니다. 평가나 해석은 잠시 내려두고, 카메라로 찍은 장면처럼 상황만 기록합니다.

두 번째 단계는, 사실과 해석을 나누는 것입니다. '반응이 없었다'는 것은 사실입니다. 하지만 '나를 무시했다'는 것은 내가 덧붙인 해석입니다. 우리는 이 둘을 자주 한 덩어리로 묶어서 같은 것이라고 생각합니다. 이 둘을 분리하는 것만으로도 감정의 강도는 눈에 띄게 낮아집니다.

세 번째 단계는, 다른 가능성을 찾아보는 것입니다. 상사가 바빴을 수도 있고, 그 주제가 회의의 핵심이 아니었을 수도 있으며, 나중에 따로 이야기하려 했을 가능성도 있습니다. 처음에는 이런 생각이 억지처럼 느껴질 수 있습니다. 연습하다 보면, 우리가 얼마나 자주 한 가지 해석만 붙잡고 있었는지를 알게 됩니다. 실제로 확인해 보면, 처음 떠올렸던 부정적인 해석이 사실이 아닌 경우도 적지 않습니다.

네 번째 단계는, 부정적인 생각 뒤에 한 문장을 덧붙이는 것입니다. '실수했다'라는 생각이 들면, 그 뒤에 '그렇지만 이번 경험에서 배운 점도 있다'를 붙여보는 것입니다. 실수를 없던 일로 만드는 것이 아닙니다. 다만 그 일이 나의 전부는 아니라는 점을 기억하게 하는 연습입니다.

단계	실행 방법	예시
1단계 감정의 순간 포착	감정이 크게 요동친 상황을 구체적으로 기록한다.	"회의에서 상사가 반응하지 않았다."
2단계 사실과 해석 분리	관찰된 사실과 내 생각·해석을 분리한다.	사실: 회의 중 반응 없음 해석: 나를 무시했다
3단계 다른 시각 찾기	사건에 대해 최소 2~3개의 다른 가능성을 찾아본다.	- 바빠서 그랬을 수 있음 - 주제와 맞지 않았을 수 있음 - 나중에 이야기하려고 했을 수 있음
4단계 긍정 문장 덧붙이기	부정적 자동 생각 뒤에 긍정적·성장지향문장을 추가한다.	"실수했다." → "그렇지만 이번 경험에서 배웠다."

마지막으로, 내가 자주 빠지는 사고 패턴을 알아차리는 것도 중요합니다. 흑백논리로 판단하는지, 한가지 실수를 전체로 일반화하는지, 상대의 마음을 단정짓는지 등의 사고 패턴을 알아차리는 것만으로도 생각과 나 사이에 작은 거리가 생깁니다. 알아차림과 조절은 점점 더 빨라질 수 있습니다.

생각을 바꾸려 애쓰기보다, 생각을 대하는 태도를 바꾸는 것이 더 중요합니다. '나는 무능하다'는 생각이 떠올랐을 때, 그것을 사실로 받아들이는 대신 '아, 지금 "나는 무능하다"는 생각이 떠올랐구나'라고 관찰하는 것입니다. 생각은 생각일 뿐 현실이 아니라는 시선으로 바라보는 순간, 그 생각의 힘은 조금 약해집니다.

예를 들어, '후배가 또 물어본 건 나를 못 믿어서가 아니라, 긴장해서일 수도 있어'라고 다른 해석을 시도해 보는 것입니다. '상사가 무표정했던 것은 나의 실수 때문이 아니라, 그날 컨디션이 좋지 않았을 수도 있겠구나'라고 다른 가능성을 열어두는 것입니다. 이렇게 다른 시각들을 시도해 보는 순간, 감정은 이전보다 덜 요동칩니다. 관계에서 생기는 오해도 줄어들고, 무엇보다 스스로를 몰아세우는 방식에서 한 걸음 물러설 수 있습니다.

일상에서 감정의 롤러코스터는 피할 수 없습니다. 사람들과 끊임없이 상호작용하고, 빠르게 판단하고, 책임이 요구되는 환경에서는 더욱 그렇습니다. 감정이 나를 소진시키는 방향으로 흐를지, 경험과 배움으로 남을지는 해석의 방향에 달려 있습니다. 감정은 생각, 해석의 영향을 많이 받습니다. 생각의 방향은 알아차리고 선택할 수 있습니다.

3장

감정에 이름을 적어봅니다

프리셉티 선생님이 무슨 생각을 하는지 알고 싶어요. 그런데 시간이 없어요.

신입 직원과의 일과를 마치고 선배가 물었다. "오늘 하루 어땠어요?" 신입 간호사는 잠시 생각하더니 "음… 힘들었어요"라고 답했다. 선배가 다시 물었다. "어떻게 힘들었는데요?" 신입 간호사는 말을 더듬었다. "그냥… 힘들었어요."

선배가 종이 한 장을 꺼내 보여주었다. 거기에는 십여 가지 감정 단어들이 적혀 있었다. 감사한, 고마운, 감격한, 벅찬, 설레는, 신나는, 고민되는, 답답한, 짜증스러운, 억울한, 한심한, 서운한, 외로운….

신입 간호사는 그 목록을 천천히 읽어 내려가다가 몇 개의 단어에 손가락을 댔다. "속상했어요. 그리고… 한심했어요. 더 잘하고 싶은데 시간도 없고 실력이 부족해서요. 그런데 이렇게 보니까 정확하게는 '초조했다'가 맞는 것 같아요." 신입 간호사의 표정이 조금 밝아졌다. "이렇게 말하니까 속이 시원해졌어요. 들어주셔서 감사합니다."

감정에 이름을 붙이면 마음이 진정된다

우리는 감정 표현에 서툴기도 하지만, 자신의 감정 상태를 설명하는데 사용하고 있는 감정 단어 자체가 적습니다. 오늘이나 이번 주에 사용했던 감정 단어를 떠올려보세요. 몇 가지 정도의 감정 단어를 말할 수 있었나요? 대부분의 사람들은 "좋다" "나쁘다" "화난다" "슬프다" "힘들다" "불안하다" 같은 몇 가지 기본적인 감정 단어를 반복해서 사용합니다.

"오늘 기분이 어때?" "별로야" "왜?" "그냥… 안 좋아" 이런 대화는 낯설지 않습니다. 감정은 느끼고 있는데 말로 표현하지 못하면, 그 감정은 막연한 느낌으로 무엇인지 몰라 더 답답하고 격해지기도 합니다. 집이 어지러우면 생활이 불편해지듯, 감정이 정리되지 않으면 마음도 무겁고 혼란스러워집니다. 무엇이 나를 힘들게 하는지 모르는 상태에서는, 회복할 방향을 잡기도 어렵습니다.

이러한 능력을 '감정 세분화(emotional granularity)'라고 합니다. 감정 세분화란, 내가 느끼는 감정을 얼마나 구체적으로 구분할 수 있는지를 의미합니다. 어떤 사람은 부정적 감정을 모두 "기분 나쁘다"로 뭉뚱그려 표현하지만, 어떤 사람은 "짜증난다" "당혹스럽다" "답답하다" "화가 난다"로 섬세하게 구분합니다.

감정 세분화 능력이 높은 사람들은 스트레스 상황에서도 더 잘 대처합니다. 감정을 더 효과적으로 조절하고, 우울이나 불안에 빠질 확률도 낮습니다. 반대로 감정 세분화 능력이 낮은 사람들은 부정적 감정을 경험할 때 더욱 막연하고 압도적인 것으로 느끼고, 그 감정에서 벗어나기 위해 건강하지 않은 방법을 선택하는 경우가 많습니다.

감정에 정확한 이름을 붙이는 순간, 뇌가 그 감정을 다루는 방식이 달라지기 때문입니다. "기분 나쁘다"는 말은 너무 광범위하고 모호합니다. 뇌는 이것을 어떻게 다뤄야 할지 잘 모릅니다. 반면 "불안하다" "답답하다"는 구체적인 감정 언어입니다. 이 감정들은 단순한 기분 상태가 아니라, '내가 실수했을지도 모른다' '상황이 내가 원하는 방향으로 흘러가지 않고 있다'는 식으로 보다 구체적인 이유와 의미를 찾도록 합니다.

감정이 구체화되는 순간, 뇌는 막연한 불쾌감을 느끼는 상태에서 벗어나 '이 사람과의 관계에서 어떤 태도가 필요한지' '이 상황을 어떻게 다시 구조화할 것인지'에 대한 정보를 처리하고 고민하기 시작합니다. 감정에 이름을 붙이는(affect labeling) 것은 나의 뇌에게 길을 알려주는 지도를 건네는 것과 비슷합니다.

참가자들에게 화난 얼굴이나 두려워하는 얼굴 사진을 보여주며 뇌 활동을 뇌 영상(fMRI)으로 측정한 연구 결과, 편도체가 활발히 작동했습니다.[14] 편도체는 위협을 감지하고 감정적 반응을 일으키는 역할을 합니다. 참가자들에게 그 감정에 "화남" "짜증남" "분노" 같은 이름을 붙이게 했습니다.

놀랍게도, 감정에 이름을 붙이자 편도체 활성화가 눈에 띄게 감소했습니다. 동시에 전전두엽, 즉 사고와 조절을 담당하는 뇌 영역이 활성화되었습니다. 단순히 감정을 언어로 표현하는 것만으로도 감정의 강도가 줄어들고, 다시 통제감을 되찾게 된 것입니다.

이러한 결과는 감정에 이름을 붙이는 것만으로도 감정 조절이 어느 정도 가능하다는 것을 보여줍니다. 흔히 감정 조절을 "감정을 억누르는 것"으로 생각하지만 그저 정확히 알아차리고 이름을 붙이는 것만으로도 감정은 진정될 수 있습니다.

또 다른 연구에서는 감정을 더 구체적으로 표현할수록, 이러한 효과가 더 크다는 사실을 발견하였습니다.[15] 감정을 "화난다"로만 표현한 사람보다 "억울하다" "당혹스럽다" "답답하다"라고 구체화한 사람들이 편도체 진정 효과가 더 컸습니다. 감정 반응이 더 빠르게 가라앉았습니다. 감정 어휘를 늘린다는 것은 단순히 말을 잘하게 된다는 것을 넘어 실제로 감정 조절 능력을 향상시킨다는

 오늘 마음

것을 의미합니다.

간호 현장에서도 감정을 억누르는 대신 감정을 인식하고, 그 감정에 이름을 붙여보고, 왜 이 감정이 생겼는지 이해하려 노력했던 많은 분들도 감정을 잘 다루게 되었다고 만족스러워했습니다. 감정을 건강하게 표현하거나 상황을 다시 해석해 보는 노력은 감정에 휘둘리지 않는 핵심적인 첫 단계입니다.

감정 알기는 감정 관리의 첫출발

마크 브래킷(Marc Brackett)은 《감정의 발견(Permission to Feel)》에서 감정을 건강하게 다루기 위해 필요한 다섯 가지 핵심 기술을 제시했습니다. 인식하기(Recognizing), 이해하기(Understanding), 이름 붙이기(Labeling), 표현하기(Expressing), 조절하기(Regulating)입니다. 이 RULER 모델은 감정을 다루는 순서를 보여주는 안내서와 같습니다. 이 다섯 가지는 서로 분리된 기술이 아니라, 자연스럽게 이어지는 과정입니다.

출발점은 언제나 감정을 알아차리는 것입니다. 인식하기는 내가 지금 어떤 감정을 느끼고 있는지 자각하는 것입니다. 많은 사람들이 감정을 겪고 있으면서도 그 감정을 분명히 의식하지 못한 채 그

인식하기(Recognizing)	지금 내가 어떤 감정을 느끼고 있는지 알아차리는 것
이해하기(Understanding)	왜 이런 감정이 생겼는지 이유를 살펴보는 것
이름 붙이기(Labeling)	그 감정에 적절한 단어를 찾아보는 것
표현하기(Expressing)	그 감정을 상황에 알맞은 방식으로 전하는 것
조절하기(Regulating)	감정에 휘둘리지 않고 건강한 방식으로 반응하는 것

냥 흘려보냅니다. '뭔가 기분이 안 좋아'라고 막연하게 느끼지만, 그것이 무엇인지 정확히 알아차리지 못합니다.

이해하기는 그 감정이 왜 생겼는지 원인과 결과를 파악하는 것입니다. 이름 붙이기는 그 감정에 적확한 단어를 부여하는 것입니다. 표현하기는 타인에게 그 감정을 알맞은 방식으로 말하는 것입니다. 조절하기는 감정에 휘둘리지 않고 건강한 방식으로 상황에 맞게 반응하는 것입니다.

이 다섯 가지 중에서 이름 붙이기는 가장 기본적이면서도 가장 강력한 기술입니다. 감정에 이름을 붙이면 마음이 정리된다고 하지만, 실제로는 "화가 났어요" "속상했어요" "그냥 기분이 안 좋았어요"처럼 익숙한 감정 단어 몇 개에 모든 감정을 몰아넣는 경우가 많습니다. 감정은 훨씬 더 다양하고, 미세하고, 개인적인 경험입니다. 같은 '속상함' 안에서도 누군가는 실망감을, 다른 누군가는 서운함이나 소외된 느낌을 경험합니다. 감정을 뭉뚱그린 채로 두면, 마음을 정리할 실마리를 찾기 어렵습니다. 감정에 맞는 정확한 이름을 붙이면 그 순간부터 감정은 다룰 수 있는 대상이 됩니다.

이때 도움이 되는 감정 단어 목록은 마셜 로젠버그(Marshall Rosenberg)가 개발한 비폭력 대화(Nonviolent Communication)에서 자주 사용하는 느낌 단어 목록입니다. 이 목록은 감정을 크게 욕구가 충족되었을 때의 느낌과 욕구가 충족되지 않았을 때의 느낌으로 나눕니다.

섬세하게 분류된 감정 단어를 살펴보면, 우리가 평소에 얼마나 제한된 어휘로 감정을 표현하고 있었는지 알게 됩니다. "그냥 기분이 안 좋아"라고 넘겼던 순간이 사실은 "중압감을 느끼고 있었다"거나 "예민해져 있었다"거나 "조바심이 났다"는 감정을 발견하게 됩니다.

이렇게 구체적으로 감정을 알게 되면 감정을 다루는 방법도, 상황을 다루는 방식도 달라질 수 있습니다. 중압감을 느꼈다면 부담을 줄일 방법을 고민하게 되고, 조바심을 느꼈다면 속도를 조절할 필요가 있다는 신호로 이해할 수 있습니다.

감정 단어 목록[16]

욕구가 충족된 감정

즐거움/유희(playful, joyful): 유쾌한, 재미있는, 흥미로운	**평온/안정(calm, secure):** 고요한, 평화로운, 잔잔한, 차분한, 침착한, 안정된, 편안한
설렘/기대(excited, hopeful): 설레는, 두근거리는, 기대에 부푼, 희망에 찬, 들뜬	**이완/내려놓음(relaxed, at ease):** 긴장이 풀린, 내려놓은, 마음이 놓이는, 안락한, 안도하는, 안심되는, 누그러지는, 여유로운, 한가로운
활력/에너지(energized, lively): 활기찬, 기운이 나는, 원기가 왕성한, 생기가 도는, 살아있는, 힘이 솟는	**따뜻/연결(loving, connected):** 따뜻한, 포근한, 다정한, 훈훈한, 정겨운, 친근한, 사랑하는, 애정을 느끼는, 애착이 가는, 애틋한, 마음이 쓰이는, 마음이 열리는, 마음이 통하는, 온화한, 연민이 느껴지는, 짠한
자신감/고양(proud, inspired): 자신감 있는, 당당한, 용기 나는, 열정적인, 열렬한, 고양된, 날아갈 것 같은, 우쭐한, 의기양양한	**감사/감동(grateful, touched, fulfilled):** 고마운, 감사하는, 감동받은, 가슴 뭉클한, 벅찬, 감격스런, 충만한, 행복한, 기쁜, 반가운, 흐뭇한, 만족스런, 만끽하는
상쾌/개운(refreshed, relieved): 산뜻한, 상쾌한, 개운한, 후련한, 홀가분한, 가벼운, 든든한, 통쾌한, 짜릿한	**경이/놀람(positive surprise):** 경이로운, 신기한, 놀라운, 깜짝 놀란
끌림/흥분(attracted, exhilarated): 끌리는, 흥분되는, 신나는	

욕구가 충족되지 않은 감정

불안/초조(anxious, nervous, jittery):
걱정되는, 염려되는, 근심하는, 신경 쓰이는, 불안한, 긴장한, 떨리는, 초조한, 조바심 나는, 조마조마한, 뒤숭숭한, 진땀나는

슬픔/상실(sad, grieving, heartbroken):
슬픈, 그리운, 먹먹한, 서글픈, 서러운, 쓰라린, 울적한, 참담한, 한스러운, 비참한, 속상한, 안타까운, 서운한, 애석한, 섭섭한

공포/위협(scared, frightened, alarmed):
무서운, 겁나는, 두려운, 섬뜩한, 오싹한

허무/공허 (empty, lonely, hollow):
외로운, 고독한, 공허한, 허전한, 쓸쓸한, 허탈한, 허한

분노/격분(angry, fuming):
화나는, 약 오르는, 분한, 울화가 치미는, 억울한, 열받는

낙담/절망(down, hopeless, despairing):
낙담한, 실망스러운, 좌절한, 절망스러운, 김빠진, 막막한, 암담한, 까마득한, 체념한

짜증/신경과민(irritated, annoyed):
짜증나는, 찜찜한, 불편한, 거북한

무기력/피로(exhausted, drained):
무력한, 무기력한, 침울한, 지친, 힘든, 피곤한, 노곤한, 맥 빠진

혼란/당혹(shocked, confused, flustered):
혼란스러운, 놀란, 당혹스런

지루/권태(bored, dull):
무료한, 심심한, 따분한, 귀찮은, 지겨운, 질린, 지루한, 멍한

민망/수치(embarrassed, ashamed, awkward):
민망한, 부끄러운, 겸연쩍은, 곤혹스러운, 멋쩍은, 쑥스러운, 난처한, 서먹한, 어색한

답답/갑갑 (heavy, stuck):
답답한, 갑갑한

감정에 이름을 붙이는 것만으로도 도움이 되지만, 그 감정을 글로 적어보면 효과는 더 커집니다. 힘들었던 경험과 그때 느낀 감정을 하루 15~20분씩 3~4일 동안 기록하는 '표현적 글쓰기(expressive writing)'라는 방법입니다.[17] 글을 쓴 사람들은 몇 달 뒤 병원을 찾는 횟수가 줄었고, 면역 기능 신체 지표도 좋아졌습니다. 우울감과 불안도 눈에 띄게 감소했습니다. 단순히 감정을 적었을 뿐인데, 마음뿐 아니라 몸에도 변화가 나타난 것입니다.

이런 놀라운 효과가 나타난 이유 3가지를 설명했습니다.

첫째, 감정을 머릿속에만 둔다면 점점 더 커지고 모호해집니다. 생각은 같은 자리를 맴돌며 고민이 반복됩니다. 하지만 글로 적는 순간, 감정은 더 이상 '나를 집어삼키는 존재'가 아니라 '내가 바라볼 수 있는 대상'이 됩니다.

이렇게 감정을 한 발 떨어져 바라보는 것을 '감정의 객관화'라고 합니다. 감정에 이름을 붙이고 기록하는 것만으로도 뇌의 과도한 감정 반응은 줄고(편도체의 과잉 반응), 사고를 담당하는 영역(전전두엽)은 활성화되기 시작합니다.

둘째, 감정이 구체화되면서 마음이 정리됩니다. 막연히 "화난

다"로 뭉뚱그렸던 감정이 "억울하다, 답답하다, 서운하다"로 구체
화되면, 마음속에서 뒤엉킨 실타래가 풀리기 시작합니다. 감정이
정리되면 비교적 빨리 가라앉는 것을 경험하셨을 겁니다. 이것을
'감정의 정리와 해소'라고 합니다. 실제로 글을 쓴 사람들은 자신
이 겪은 일을 더 차분하고 일관되게 설명할 수 있었고, 그 경험 속
에서 나름의 의미를 발견했습니다.

셋째, 이유를 묻는 순간 관점이 달라집니다. 감정을 적은 뒤 질문
을 던져봅니다. "왜 내가 이 감정을 느꼈을까?" 물어보는 것입니
다. "억울하다"고 적었다면, 왜 억울한지 물어봅니다. "나는 열심
히 했는데 인정받지 못했다고 느꼈다" "답답하다"라고 적었다면,
왜 그렇게 느꼈는지 물어봅니다. "내 의도와 다르게 전달된 것 같
아서" 등의 이유를 찾아볼 것입니다.

이 과정을 거치다 보면, '그 사람의 말 때문에 내가 무너진 게 아
니라, 사실은 내가 인정받고 싶었던 욕구가(마음이) 충족되지 않아
서 힘들었구나'라는 깨달음에 닿게 됩니다. 초점이 상황에서 나의
욕구와 가치로 옮겨 가면 관점이 전환될 여유가 생겨납니다. 우리
가 다룰 만큼 작아지기 시작합니다.

감정을 조절하려면 가장 먼저 필요한 것은 감정을 정확하게 아
는 것입니다. 내가 어떤 감정을 느끼고 있는지 모른다면, 감정을 다

루기는커녕 감정에 끌려다니고 맙니다. 밤새 이불킥을 한 경험 기억나실 겁니다. 도대체가 나를 놔주지 않죠. 감정을 잘 다룰 수 있는 사람은 더 잘 회복하고, 더 나은 결정을 내리고, 관계에서도 안정감을 유지합니다.

실천 방법은 생각보다 간단합니다. 먼저, 오늘 하루 중 가장 크게 느꼈던 감정을 한 단어로 적어봅니다. 처음에는 "화났다" "슬프다" "불안하다" 같은 익숙한 단어가 떠오를 것입니다.

그 다음, 감정단어 목록을 펼쳐놓고 천천히 읽어봅니다. "화났다"보다 더 정확한 감정 단어가 있을까요? "억울하다" "답답하다" "서운하다" "불안하다" 중에서 지금 내 마음에 가장 가까운 것은 무엇일까요?

그 감정 단어 옆에 "나는 왜 이 감정을 느꼈을까?"라는 질문의 답을 적어봅니다. "내가 한 실수가 아닌데 나도 함께 수정하라는 요청을 받아서 억울했다"라든지 "더 잘하고 싶었은데 시간도 없고 실력이 부족하다고 느껴져서 속상했다"라든지. 이렇게 적는 순간, 막연하게 무거웠던 마음이 조금씩 정리되기 시작합니다.

마지막으로, 그 감정을 다른 시각으로 바라볼 수 있는 한 줄을 써봅니다. 예를 들어, "억울하다"라는 감정 옆에 "내가 쏟은 노력은 누가 뭐라 해도 사라지지 않는다. 그것은 분명 내 안에 남아 있다"라고 적어보는 것입니다. 이것은 감정을 부정하는 것이 아닙니다. 억울함은 억울함 그대로 인정하되, 그것이 전부가 아니라는 점도 함께 바라보는 연습입니다. 또 그 안에서 내가 지켜질 수 있다는 것을 발견하는 방법입니다.

감정은 억누를수록 커지고, 표현하지 않으면 관계마저 겉돌게 됩니다. 감정을 잘 다루는 일은 자신의 마음을 섬세하게 들여다보는 연습입니다. 내가 지금 어떤 감정을 느끼고 있는지, 그 감정이 왜 생겼는지 알 수 있을 때 마음도 다스릴 수 있습니다. 질병의 원인을 정확하게 파악했다면 치료는 멀지 않은 셈이죠.

특히 부정적인 감정에 사로잡혀 있을 때 우리 시야는 좁아집니다. 바로 이럴 때 감정에 정확한 이름을 붙여보는 것은 몸과 마음 변화의 시작이 될 수 있습니다. 자신의 감정을 알아차리는 순간, 통제감이 생기고 마음은 조금 더 안정됩니다. 누군가 강력하고 간곡하게 추천하면서 이런 말을 해줄 때가 있죠. "속는 셈 치고 한번만 해보세요."

▌감정 단어 목록 활용 가이드

바쁜 일상 속에서 우리는 깊은 대화를 나눌 시간이 늘 부족합니다. 어떤 일이 생겼을 때 혹은 출근길이나 퇴근길 잠깐의 순간에 상대방과 진심으로 마음을 나누고 싶지만 어떻게 시작해야 할지 막막할 때가 있습니다. 이럴 때 대화는 종종 이렇게 닫힌 느낌이고 더 이어지지 않습니다. "선생님, 요즘 어때요? 괜찮아요?" "네, 괜찮습니다."

감정 단어 목록을 사용하면 대화를 여는 좋은 출발점을 만들 수 있습니다. 감정 단어 목록을 펼쳐 놓고 상대방에게 이렇게 질문할 수 있습니다. "이번 주에 느낀 감정을 여기서 골라보실래요? 2~3개 정도만요." 혹은 어떤 일이 생긴 직후라면, "방금 그 상황에서 느낀 감정을 여기서 골라볼 수 있을까요?"

목록을 천천히 읽어 내려가다 보면 상대방은 자신의 마음에 가까운 단어들을 찾기 시작합니다. 감정 단어를 골랐다면, 감정 나누기 공식(자기 개방 공식)을 사용해 봅니다. 방법은 간단합니다. 감정 단어 하나를 말하고, 그 뒤에 "왜냐하면"을 붙여 이유를 설명하는 것입니다.

예를 들어, "저는 그때 초조했어요. 왜냐하면 더 잘하고 싶었는데 시간도 없고 실력이 부족한 것 같아서요." 이 한 문장 안에는 말하는 사람이 무엇을 원했는지(욕구/needs), 무엇이 어려웠는지, 자신을 어떻게 바라보고 있는지가 함께 담겨 있습니다. 감정을 구체적으로 표현해 보는 경험, 그리고 누군가가 그 마음을 이해해 주는 연결된 경험(connected experience)은 짧은 시간 안에도 충분히 만들어질 수 있습니다.

1) 나 자신을 위한 활용

감정 단어 목록은 타인과의 대화뿐만 아니라 나 자신과의 대화에도 꼭 필요한 도구입니다. 많은 사람들이 '이 감정은 왜 이렇게 오래 가는 걸까?'라고 고민합니다. 아침에 일어날 때부터 마음이 무겁고, 하루 종일 짜증이 나고, 저녁이 되어도 기분이 풀리지 않습니다. 무엇 때문인지 명확하지 않은데 계속 불편한 감정이 따라다닙니다.

이럴 때 필요한 것이 감정에 이름을 붙이는 연습입니다. 특히 직장인, 돌봄 케어를 제공하는 사람들, 서비스업 종사자들은 감정을 정리할 시간 없이 다음 일로 넘어가야 하는 경우가 많습니다. 여러 사람을 상대하다 보면 감정보다 행동이 앞서고, 마음을 들여다보는 일은 자주 뒤로 밀려납니다.

하루를 마치고 잠들기 전, 혹은 아침에 일어나 커피를 마시며, 단 5분만 자신에게 시간을 내어봅니다. 감정 단어 목록을 펼쳐놓고 천천히 읽어봅니다. "오늘 하루 동안 내가 느낀 감정은 무엇이었을까?" 또는 "이번 주에 내가 자주 느낀 감정은?" 목록을 보면서 5개 정도의 감정 단어를 골라봅니다.

그다음 자기 개방 공식을 나 자신에게 적용해 봅니다. 선택한 감

 오늘 마음

정 하나를 이렇게 적어봅니다. "나는 ○○ 했다. 왜냐하면…" 예를 들어, "나는 예민했다. 왜냐하면 잠이 부족했고 내일 중요한 미팅이 있어서 불안했기 때문이다." 이렇게 이유를 적는 순간, 감정도 함께 정리되기 시작합니다. 막연히 '기분이 나빴다. 찜찜하다.'로 남아 있던 것이 "아, 나는 수면 부족으로 예민해졌고, 미팅을 앞두고 불안했구나"로 명확해집니다.

특히 부정적인 감정에 사로잡혀 있을수록 다른 시각이나 관점에서 내 마음을 바라보는 일이 더 어려워집니다. 이럴 때 감정에 이름을 찾아 붙여보고, 그 이유를 차분히 살펴보는 것만으로도 마음이 정리되고 있다는 편안함과 통제감을 느낍니다.

매일 하지 못해도 괜찮습니다. 일주일에 두세 번, 혹은 유독 마음이 무거웠던 날, 무언가 크게 느껴졌던 날에만 해도 충분합니다. 중요한 것은 완벽함이 아니라 지속성입니다. 조금씩, 천천히, 자신의 감정에 이름을 붙이는 연습을 반복하다 보면, 어느새 감정 단어 목록 없이도 '아, 지금 나는 홀가분함을 느끼고 있구나' '지금은 용기가 나는구나'라고 스스로 알아차릴 수 있게 됩니다.

2) 리더로서의 활용

'그냥 힘들다고만 하는데, 어떻게 도와줘야 할까?' 이런 고민은 리더들이 자주 느끼는 막막함입니다. 팀원이 지쳐 보입니다. "괜찮아요?" "네, 괜찮아요." 하지만 표정은 괜찮아 보이지 않습니다. 좀 더 깊이 물어보면 돌아오는 대답은 이 정도입니다. "그냥 좀 힘들어요." "지쳐서 그런가봐요." 구체적으로 무엇이 힘든지, 어떤 도움이 필요한지 알 수 없습니다.

이럴 때 가장 필요한 해결책은 '감정을 정리할 수 있도록 돕는 질문'입니다. 이미 자기 자신에게 적용해 보았다면 다른 사람도 쉽게 도울 수 있습니다. 바쁨 뒤에 숨어 있는 감정을 읽고, 의미를 해석하고, 회복을 돕는 것이 리더의 정서적 역량이기도 합니다. 감정 단어 목록은 이 막막함을 뚫는 실질적인 도구가 됩니다.

먼저 상대방에 대한 관심을 표현하며 시작합니다. "요즘 조금 지쳐 보였어요. 혹시 괜찮으세요?" "요즘 어떻게 지내세요?" 상대방에게 애정과 관심이 있다는 신호를 전하는 것입니다.

그다음 감정 단어 목록을 꺼냅니다. "여기 감정 단어들이 있는데, 천천히 읽어 보시면서 요즘 자주 느낀 감정을 서너 개 골라볼 수 있을까요?" 목록을 제공하는 것은 안전한 선택지를 주는 일입

오늘 마음

니다. 사람들은 빈 종이 앞에서는 말문이 막히지만, 선택지가 있으면 훨씬 편하게 자신의 마음을 탐색했습니다.

팀원이 몇 개의 단어를 고르면, 자기 개방 공식을 안내합니다. "이중 하나를 골라서 '나는 ○○ 했다. 왜냐하면…' 형식으로 이야기해 줄 수 있을까요?" 이 질문의 핵심은 리더가 답을 찾아주는 것이 아니라 팀원이 스스로 자신의 마음과 욕구를 발견하도록 안내하는 것입니다. 리더가 먼저 자기 개방 공식으로 자신을 표현해 주면 훨씬 부드럽게 진행됩니다.

감정은 말을 꺼내는 것만으로도 정리되기 시작합니다. 거기에 정확한 이름을 붙이면, 감정은 훨씬 덜 거칠고 더 구체적으로 전달됩니다. "짜증나요"로 시작했던 대화가 "사실은 인정받고 싶은데 인정받지 못하는 것 같아서 서운했어요. 왜냐하면 열심히 준비했는데 아무도 알아주지 않는 것 같아서요"라는 방식으로 구체화됩니다. 이제 리더는 무엇을 도와줘야 할지 좀 더 명확히 알 수 있습니다. 더 많은 업무 지원이 필요한 것이 아니라, 인정과 격려가 필요했던 것입니다.

마지막으로 공감과 선택지를 함께 주는 것입니다. "충분히 그런 마음이 들었을 것 같아요. 지금 이 상황에서 제가 도와줄 수 있는 게 있을까요?" 안타깝지만 리더가 모든 것을 해결해 줄 수 없습니다. 때로는 제대로 들어주는 것만으로도 충분한 도움이 됩니다.

돕는 사람의 핵심 포인트는 감정을 대신 해석하지 않는 것입니다. 해결책을 주기보다, 정리할 수 있는 언어의 공간을 만들어 주는 것이 중요합니다. 감정은 리더가 '해결해 줘야 할 문제'가 아니라, 공감과 경청을 통해 공유되면 더 큰 공감과 위로, 지지, 응원이 되는 연결된 경험입니다.

책상 위에, 가방 속에, 스마트폰에 감정 단어 목록을 두고 필요할 때마다 꺼내보세요. 스스로에게, 그리고 함께하는 사람들에게 물어보세요. "이번 주에 어떤 감정들을 느끼셨어요?"

2부

소통
-
마음을 전하다

:

"의도와 표현 사이의
간극 좁히기"

4장

내 마음을 제대로 표현해 봅니다

마음이 이렇게 급한데 어디까지 설명해야 하죠?

수간호사 면담실. 4년 차 G 간호사는 고개를 숙인 채 의자에 앉아 있다.

지난주, G 간호사는 후배에게 환자 교육 피드백을 주다가 언성을 높였다. "그렇게 하면 안 된다니까요! 제대로 좀 해요!" 목소리는 날카로웠고, 표정은 짜증으로 가득했다. 후배는 그 자리에서 울음을 터뜨렸고, 주변 동료들의 시선이 집중되었다.

G 간호사는 후배가 환자 교육을 잘못하는 것을 보고 답답했다. '저러다가 환자가 잘못 이해하면 어떡하지? 빨리 바로잡아줘야 해.' 그 순간, G 간호사 자신도 왜 그렇게 화가 치밀었는지 정확히 알 수 없었다.

"후배를 잘 가르쳐주고 싶었어요. 환자 교육도 중요하고요. 그런데 왜 그렇게 화가 났는지… 저도 모르겠어요. 제가 나쁜 사람인 것 같아요." 수간호사는 조용히 질문했다.

"혹시 그날 다른 일은 없었나요?" G 간호사는 잠시 생각하다가 말했다.

"아… 그날 아침에 응급실에서 환자 이송받으면서 인계가 제대로 안 됐어요. 정보가 부족해서 제가 당황했고… 환자 상태 파악하느라 정신없었죠. 그 상태로 후배

교육을 봤는데…. 그리고 사실… 제가 프리셉터 역할을 처음 맡았거든요. 잘해야 한다는 부담이 컸어요."

스탠퍼드 대학의 심리학자 엘리자베스 뉴튼(Elizabeth Newton)은 흥미로운 실험을 했습니다. 실험 참가자들을 두 그룹으로 나눴습니다. 한 그룹은 '두드리는 사람(tapper)', 다른 그룹은 '맞추는 사람(listener)'이었습니다. 두드리는 사람은 "생일 축하합니다" "떴다 떴다 비행기" 같은 익숙한 노래를 떠올리며 그 박자를 책상에 두드립니다. 맞추는 사람은 그 박자만 듣고 어떤 노래인지 맞추어야 했습니다.

실험 전, 두드리는 사람들에게 물었습니다. "맞추는 사람이 노래를 맞출 확률이 얼마나 될까요?" 그들은 평균 50%라고 답했습니다. '절반은 맞추겠지.' 그런데 실제 결과는 어땠을까요? 120곡 중 단 3곡만 맞추었습니다. 정답률은 고작 2.5%였습니다.

왜 이런 일이 벌어졌을까요? 두드리는 사람의 머릿속에는 멜로디가 선명하게 들립니다. "떴-다 떴-다 비-행-기~" 음정도, 가사도, 모든 것이 생생합니다. 하지만 맞추는 사람에게는 "똑똑 똑똑 똑똑똑" 의미 없는 소음일 뿐입니다.

이것이 바로 우리가 매일 경험하는 소통의 현실입니다. 나는 많은 정보를 알고 있습니다. 내 의도, 내 맥락, 내 감정, 내가 처한 상황. 하지만 상대방은 내가 생각하는 것보다 훨씬 적게 압니다. 상대방에게는 내 '행동'만 보일 뿐입니다.

G 간호사는 머릿속에서 이런 멜로디를 연주하고 있었습니다. '후배가 잘했으면 좋겠어, 환자가 안전했으면 좋겠어, 프리셉터로서 책임을 다하고 싶어.' 하지만 후배에게는 "똑똑똑-" 날카로운 목소리, 짜증 난 표정, 비난하는 말투만 전달되었습니다.

▌나는 의도 평가, 상대방은 행동 평가

수십만, 수백만 년 전에도 세상은 무섭고 위험한 환경이었습니다. 인간은 동료마저도 때로는 위험하게 느끼는 불안한 조건 속에서 서로 협력하고 의지하며 살아남아야 했습니다. 그 과정에서 발달한 생존 전략은 낯선 것, 불확실한 것, 위험한 것에 민감하게 반응하는 태도였습니다. '위험 경보를 담당하는 뇌의 스위치'처럼 편도체는 작은 차이도 빠르게 감지하여, 일단 '위험 신호'로 간주하고 즉시 자율신경에 알립니다. 덕분에 인간은 위험을 피하고 생존 확률을 높일 수 있었죠. 하지만 이런 경향은 동전의 양면처럼 다른 결과도 가져옵니다.

심리학에서는 이를 '부정성 편향(negativity bias)'이라고 부릅니다. 사람은 긍정적인 정보보다 부정적인 정보를 더 빠르게, 더 강하게, 더 오래 기억합니다. 열 마디 칭찬보다 한 마디 비난이 더 오래 남고, 좋은 소식보다 나쁜 소식이 더 깊게 각인되는 이유입니다. 병원은 언제나 긴급 상황과 마주하고, 작은 실수가 곧 생명과 연결되는 곳이기 때문에 이런 부정성 편향을 더 쉽게 자극합니다.

빈번히 나타나는 심리적 경향이 또 있습니다. 바로 '근본적 귀인 오류(fundamental attribution error)'입니다. 귀인 오류란 '귀인(歸因, attribution)', 어떤 결과의 원인을 특정한 것으로 돌린다, 즉 어떤 일의 '원인을 잘못 찾는다'는 의미입니다. 귀인이론(Attribution Theory)은 사람들이 자신이나 타인의 행동이 발생한 원인을 추론할 때, 그 원인을 어디에 귀속시키느냐 하는 문제를 다룹니다. 우리는 어떤 행동의 원인을 크게 두 가지로 설명합니다.

하나는 '상황'에 귀속시키는 것이고, 다른 하나는 '특성(성격)'에 귀속시키는 것입니다. 약속 시간에 지각을 했을 때를 생각해 봅시다. "미안, 조금 늦었는데 오늘따라 버스가 늦게 도착한데다 오는 길에 또 도로에서 사고가 나서 말이야"라고 말한다면 이는 상황으로 설명하는 것입니다. 반면 "미안, 조금 더 빨리 출발했어야 했는데 내가 너무 느긋하게 생각했나 봐"라고 말한다면 이는 자신의 특성으로 설명하는 것이죠. 사람들은 주로 나의 태도나 행동은 '상황'으로 설명하고, 다른 사람의 태도나 행동은 '특성(trait)'으로 이해하는 경향이 있습니다.

또 한 가지 '근본적(fundamental)'이라는 표현이 붙은 이유는 이것이 특정한 사람들만의 문제가 아니라 모든 사람들이, 매우 자주, 거의 습관적으로 겪는 현상이기 때문입니다. 근본적 귀인 오류란 타인의 행동을 설명할 때 상황적 요인보다는 개인의 성격이나 특성에 원인을 돌리는 경향을 말합니다. 다시 말해, 우리는 타인과 소통

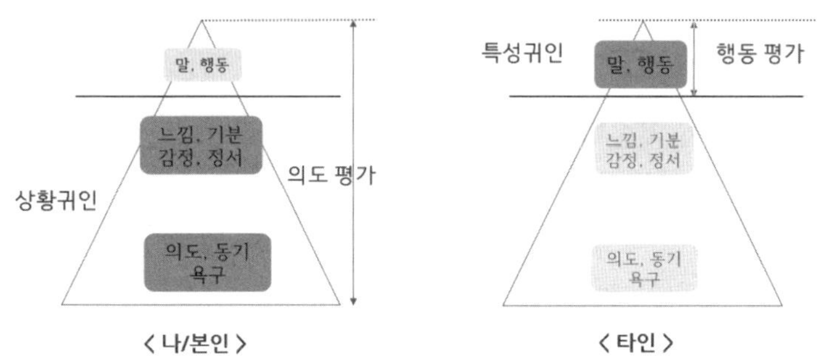

할 때 원인을 잘못 파악하는 오류에 아주 자주 빠지게 된다는 것입니다.

왜 이런 일이 벌어질까요? 내가 어떤 행동을 할 때, 나는 그 행동과 관련된 수많은 상황과 정보를 알고 있습니다. 오늘 아침 집을 나서기 전에 무슨 일이 있었는지, 출근길에 어떤 일이 있었는지, 지금 내 몸 상태가 어떤지, 어제 무슨 일이 있었는지. 나는 이 모든 맥락 속에서 내 행동을 이해합니다. 그리고 나는 생각합니다. '이 정도로 말하면 상대방도 알겠지. 내 상황을 이해해 주겠지.'

상대방은 어떨까요? 우리가 상대방에 대해 파악하거나 생각할 때, 우리에게 보이는 것은 무엇입니까? 말과 행동뿐입니다. 지금 이 순간의 말과 행동, 그리고 과거에 봤던 몇 번의 행동 패턴입니다. 우리는 이런 제한된 정보를 가지고 상대방을 평가합니다.

더 큰 문제는 이것입니다. 우리의 뇌는 종종 정보를 충분히 많이 파악하려 하지 않습니다. 특히 부정적인 상황이라면 더욱 그렇습니다. 생존 본능의 스위치가 켜진 것처럼, 기존의 편견이나 부정성 편향이 작동하면서 '역시 저 사람은 원래 그래'라고 빠르게 결론 내리고 맙니다. 근본적 귀인 오류는 늘 자동적으로 실행됩니다.

10분 지각한 상황이라면 어떨까요? 내가 지각했다면? "저는 평소에 그런 사람이 아닌데 오늘 하필 비가 와서 교통 상황이 좋지 않았습니다. 평소보다 주차하는 데 시간이 오래 걸렸고, 엘리베이터도 만원이어서 세 번이나 보내고 겨우 탔습니다." 여러 상황들을 종합해서 내가 지각한 사정을 설명합니다. '어쩔 수 없었어. 나도 최선을 다했는데 상황이 그랬어.'

동료가 지각했을 때는 어떤가요? 동료가 똑같이 "비가 와서 교통이 안 좋았고 주차도 오래 걸렸어요"라고 말한다면 어떻게 반응할까요? 우리는 속으로 생각합니다. '그러게. 미리 일찍 나오지. 비 온다는 일기예보 안 봤나?' 상대방의 상황 설명을 '핑계'로 생각하는 경험은 누구나 종종 했을 것입니다.

더욱이 이번이 세 번째 지각이라면? '저 사람은 지각을 자주 하는 사람' '원래 저런 사람' '시간 관리가 안 되는 성격'이라는 특성의 딱지가 바로 붙게 됩니다. 그 딱지는 쉽게 떨어지지 않고 평판으로 오랫동안 자리 잡기도 합니다.

G 간호사는 자신이 큰소리를 낸 것을 이렇게 설명했습니다. "그 날 아침에 인계가 잘못돼서 제가 당황했고, 처음 프리셉터를 맡아서 부담도 컸어요. 환자 안전이 걱정되어서 조급해졌던 거예요." G 간호사는 상황으로 자신을 설명합니다.

후배 입장에서는 어땠을까요? 후배에게는 "선배가 큰 소리로 화를 냈다"는 행동만 보였습니다. G 간호사의 상황 - 인계 오류로 인한 스트레스, 프리셉터 역할의 부담, 환자 안전에 대한 걱정 - 은 전혀 보이지 않습니다. 후배는 이렇게 생각했을 가능성이 큽니다. '선배는 나를 못마땅하게 여기는 사람' '나를 못 믿는 사람' '원래 화를 잘 내는 성격'이라고.

G 간호사도 후배에게 똑같은 오류를 범했습니다. 후배가 "나중에 해도 되나요?"라고 물었을 때, G 간호사는 '왜 이것도 판단 못해?' '답답한 사람이네'라고 후배를 특성으로 해석했습니다. 하지만 후배는 투약 시간이 다가오고 있었기에, 나름대로 우선순위를 정해서 일하고 있었던 상황이었습니다.

근본적 귀인 오류는 왜 생기는 걸까요? 어떤 이득이 있길래 이런 방식으로 생각하는 걸까요? 근본적 귀인 오류는 세계를 훨씬 더 단순하고 대처하기 쉬운 장소로 만들어 줍니다. 만약 우리가 타인의 모든 행동에 대해 그 뒤의 복잡한 상황과 맥락을 다 고려해야 한다면? 우리 주변에 관한 평가를 끊임없이 유보하고, 어떤 사람을 좋아하는지, 사랑하는지, 신뢰하는지, 조언하고 싶은지에 관해 수천 가지 결정을 내려야 한다면? 세상을 살아가는 것이 얼마나 힘들고 복잡할까요? 인간은 끊임없이 변화하는 행동들을 대폭 단순화시켜서, 지속성과 일관성의 개념을 만들어 냅니다.

다시 말해, 우리 뇌는 복잡한 정보를 빠르게 처리하기 위해 지름길을 택합니다. '저 사람은 원래 그런 사람'이라고 단정하는 것이 훨씬 빠르고 대처하기 편리합니다. 매번 "어떤 상황이었을까?" "무슨 이유가 있었을까?"를 생각하고 물어보는 것보다 말이죠. 안타까운 점은 '근본적으로' 많은 오해와 오류를 피하기 어렵게 됩니다.

우리는 타인의 행동을 해석할 때 행동을 하는 '그 사람'에게 주의를 집중합니다. 그 사람의 표정, 말투, 행동이 눈에 확 들어옵니다. 그 사람을 둘러싼 '상황적' 요소는 우리 눈에 보이지 않습니다. 아니, 정확히 말하자면 보이기는 하지만 주의를 기울이지 않습니다. 결과적으로, 다른 사람의 행동에 대해 기질적인 내적 요인(성격, 특성)으로 쉽게 귀인(원인을 ~의 탓으로 돌리다)하게 됩니다.

따라서 우리는 의식적으로, 의도적으로 '타인에 대해서 상황귀인'을 연습할 필요가 있습니다. 예를 들어, 동료가 차가운 말투를 보였다면 자동적으로 '원래 불친절한 사람'이라고 단정하지 않고, 한 발짝 물러서서 생각해 봅니다. '오늘 많이 지쳤을지도 몰라' '아마 업무가 과중한 상태일 거야' '개인적으로 힘든 일이 있을 수도 있어'라고 상황의 가능성을 떠올려 보는 것입니다. 이는 단순히 상대를 변호해 주는 것이 아니라, 상황을 고려하는 사고의 균형을 회복하는 훈련입니다. 자동적으로 작동하는 근본적 귀인 오류를 멈추고, 의도적으로 다른 관점에서 바라보는 연습인 것이죠.

어떤 간호사가 누군가에게 짜증 섞인 말을 하는 장면을 봤다면, 우리는 자동적으로 이렇게 생각하기 쉽습니다. '저 선생님은 원래 성격이 까칠한 사람이야.' 하지만 우리가 그 간호사의 상황을 알게 된다면? 그 간호사가 응급실과 병동을 오가며 쉴 새 없이 뛰어다녔다거나, 같은 환자의 반복적인 불평을 여러 번 감당한 직후였다거나, 개인적으로 힘든 일이 있었다는 상황적 맥락을 안다면? 우리의 판단은 완전히 달라질 것입니다.

'나에겐 관대하고, 남에겐 엄격하게' 흔히 이런 말들을 하죠. "내가 지각하면 교통 탓, 남이 지각하면 습관 탓." "내가 하면 신중함, 남이 하면 우유부단함." "내가 하면 꼼꼼함, 남이 하면 까탈스러움." 바로 근본적 귀인 오류의 일상적 표현입니다. 같은 행동도 내가 하면 어쩔 수 없는 상황 때문이고, 남이 하면 그 사람의 잘 바뀌

 오늘 마음

지 않는 특성(성격) 때문이라는 이중 잣대 말이죠.

간호사 이야기를 하나 더 해볼까요? 전체 인계 때 병동 선배가 자기 의견을 무시하는 듯한 반응을 보이자, 그는 '역시 나는 인정받지 못하는 사람인가 보다'라는 생각에 깊이 낙심했습니다. 나중에 알고 보니, 그 선배는 회의 직전 치료실에서 급박한 상황을 처리하느라 정신이 없는 상태였고, 회의 시간 내내 긴장과 피로가 풀리지 않은 상태였습니다.

그 간호사가 선배의 태도를 '선배의 특성 탓'으로만 돌렸다면 마음의 상처는 훨씬 깊어졌을 것입니다. 다행히 사정을 알고 나니, 마음은 한결 가벼워졌고 선배와의 관계도 회복할 수 있었습니다. 근본적 귀인 오류 탈출하기, 쉽게 말해 역지사지를 연습해 보는 것은 관계도 지키고 불필요한 오해를 줄이는 만족스런 소통의 기초가 됩니다.

빙산모델로 나의 마음 들여다보기

빙산모델은 마음이론(Theory of Mind, ToM)을 실제 삶에 적용하는 구체적인 툴(tool)입니다. 마음이론은, 상대의 마음에는 나와 다른 생각, 감정, 의도, 신념 등이 들어 있고, 보이지 않는 그 마음이 행동을 만든다는 사실을 이해하고, 그 마음을 추론하는 능력을 의미합니다. 사람을 볼 때 '겉으로 드러난 말과 행동'만이 아니라, '그 말과 행동을 낳는 속마음(감정, 욕구, 의도, 상황, 믿음)'이 따로 존재한다는 전제를 갖고 상대를 이해하는 능력인 셈이죠.

 오늘 마음

빙산모델은 바로 '보이는 10%의 말이나 행동과, 보이지 않는 90%'를 구분하게 해주는 역할을 합니다. 수면 아래의 느낌, 기분, 감정, 정서, 의도, 동기, 욕구 등은 직접 보이지 않으니 '마음이론'이 작동해야 합니다. 물론 자신의 수면 아래 마음을 들여다볼 때도 빙산모델은 매우 효과적이었습니다.

G 간호사는 '후배를 잘 가르치고 싶다' '환자를 안전하게 돌보고 싶다' '프리셉터로서 책임을 다하고 싶다'는 좋은 의도를 가지고 있었습니다. 하지만 후배에게는 "큰 소리" "짜증" "비난"만 전달되었습니다.

G 간호사처럼 우리는 감정이 격해질 때 자신이 왜 그렇게 행동했는지조차 명확히 알지 못할 때가 많습니다. '왜 그렇게 화가 났지?' '왜 그렇게 말했지?'하며 나중에 후회하지만, 그 순간에는 나도 모르게 폭발했던 것입니다. 감정이 소용돌이 칠 때 좋은 의도 따위는 떠오르지 않습니다. 하지만 파도 속에 숨겨진 좋은 의도를 찾는 노력과 훈련이 필요합니다. 좋은 의도를 제대로 전달하려면, 적절한 방식의 말과 행동으로 표현하도록 연습하는 것이 필수입니다.

빙산을 떠올려 보세요. 수면 위로 보이는 것은 전체의 10%에 불과합니다. 나머지 90%는 수면 아래 숨어 있습니다.

빙산의 구조

[수면 위] 보이는 것 (10%)

- 말: 무슨 말을 했는가?
- 행동: 어떤 행동을 했는가?

[수면 아래] 숨겨진 것 (90%)

- 감정: 그때 어떤 기분이었나?
- 욕구(needs): 무엇을 원했나?
- 의도: 진짜 마음은 무엇이었나?
- 상황: 어떤 상황이었나?

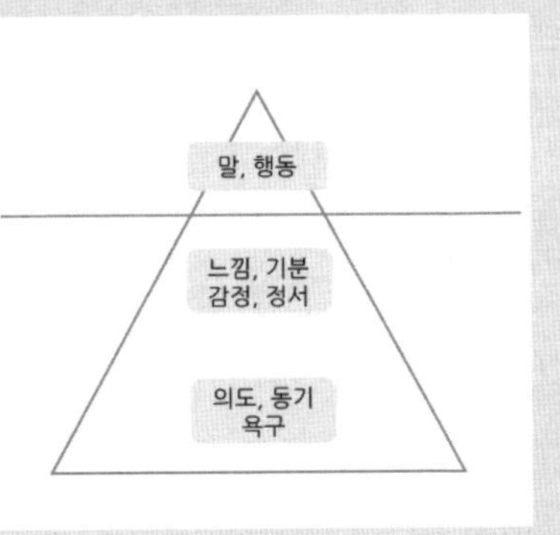

G 간호사의 빙산을 그려 볼까요?

[수면 아래]

- 감정: 답답함, 조급함, 불안, 부담감
- 욕구: 인정받고 싶음, 환자 안전, 후배 성장, 책임 다하기
- 의도: 후배를 잘 가르치고 싶었다, 환자를 안전하게 돌보고 싶었다
- 상황: 아침 인계 오류로 스트레스, 처음 맡은 프리셉터 역할

[수면 위]

- 말: "그렇게 하면 안 된다니까요! 제대로 좀 해요!"
- 행동: 큰 소리, 짜증 난 표정

G 간호사는 수면 아래의 모습으로 자신의 상황을 이해하고 표현했습니다. 하지만 후배는 수면 위의 모습, 즉 말과 행동만 볼 수 있습니다.

빙산 탐색 4단계 질문

욕구 목록

- □ 인정받고 싶음
- □ 존중받고 싶음
- □ 안전하고 싶음
- □ 평화롭고 싶음
- □ 효능감을 느끼고 싶음
- □ 연결되고 싶음
- □ 책임을 다하고 싶음
- □ 성장하고 싶음
- □ 배려받고 싶음

G 간호사의 욕구: 인정 받기, 책임 다하기, 병동의 평화

- **3단계: 나의 진짜 의도는 무엇인가? (진짜 마음)**
  가장 깊은 곳의 선한 의도, 내가 원래 원했던 것을 찾아봅니다.

  나의 진짜 마음: 나도 잘하고 싶었다, 상대를 돕고 싶었다, 좋은 결과를 만들고 싶었다, 책임을 다하고 싶었다

  G 간호사의 진짜 의도: 후배를 잘 가르쳐주고 싶었다, 환자를 안전하게 돌보고 싶었다, 프리셉터로서 책임을 다하고 싶었다, 인정받는 선배가 되고 싶었다.

- **4단계: 구체적으로 어떤 말/행동을 했는가?**
  구체적으로 회상합니다. 감정은 빼고, 사실만 적어봅니다.

  G간호사의 말/행동: 큰 소리로 지적했다, 표정을 찌푸렸다, 말을 끊었다, 한숨을 쉬었다.

의도를 표현하는 문장 연습하기

빙산 모델을 사용하여 이렇게 표현할 수 있습니다.

(1) 나의 상황과 감정 먼저 나누기

"그날 아침에 인계 오류가 있어서 제가 많이 당황했어요. 그 상태로 교육하다 보니 더 조급해졌던 것 같아요."

(2) 나의 욕구와 의도 설명하기

"저는 정말 선생님이 잘 성장했으면 하는 마음이었어요. 환자 안전도 중요하고, 선생님이 제대로 배우셨으면 하는 마음에… 그런데 제 표현이 너무 강했네요."

(3) 행동과 의도 분리해서 표현하기

"제가 큰 소리를 냈는데, 선생님한테 화가 나서 그런 게 아니에요. 오히려 선생님이 잘했으면 하는 마음이 컸던 거예요."

빙산 모델을 사용하여 표현하기 예시

(행동) 미안해요. A 선생님, 놀라고 상처받으셨죠. 지난번에 제가 큰 소리를 냈어요.

(감정) 그때 제가 답답하고 조급했어요.

(의도) 제 마음은, 선생님이 정말 잘 성장했으면 하는 거예요. 환자 안전도 지키고, 선생님도 자신감 있게 일하시길 바랐어요.

(상황) 그런데 아침에 인계가 잘못돼서 저도 스트레스를 받고 있었고, 처음 프리셉터를 맡아서 부담도 컸어요. 그 마음을 제대로 전달하지 못하고, 선생님에게 상처를 줬어요. 정말 미안해요.

비난 없이 원하는 것을 표현하기

내 안에 일렁이는 느낌에 집중하고, 나 스스로에게 공감하며, 살아 숨 쉬는 좋은 의도를 찾아보면 잘해보려고 하는 자신을 발견하게 됩니다. 그리고 연민의 혼잣말을 걸어봅니다. 때로는 소리내서 말해보세요. 자신의 목소리임에도 위로가 됩니다. "진짜 잘하고 싶었구나." "진짜 제대로 하고 싶었구나."

나의 빙산을 탐색할 때 중요한 것은 '나와 상대방을 비난하지 않으면서, 내가 원하는 것을 발견하는 것 또는 이야기하는 것입니다.'

G 간호사가 후배에게 화를 낸 순간을 다시 떠올려 봅시다. 만약 G 간호사가 이렇게 말했다면 어땠을까요?

"왜 그것도 못해?" (상대 비난)

"내가 또 실수했네. 나는 왜 이럴까." (자기 비난)

두 가지 모두 문제를 해결하지 못합니다. 비난은 방어를 불러오고, 방어는 단절을 만들기 때문입니다. 자동적 생각은 대부분 나 또는 상대를 비난하거나 탓합니다. 그럴 때 우리는 내가 원래 원했던 것, 좋은 의도 찾아보기를 추천합니다.

자동적 생각	원했던 것, 욕구
나는 왜 이럴까, 실패자야	잘하고 싶었는데 서툴렀구나
또 실수했네, 나는 안 될 거야	실수해서 속상하구나. 잘하고 싶었구나
나는 인정받지 못하는 사람이야	속상했구나, 내 노력이 이해받길 바랬구나

비난 없이 빙산모델을 활용하여 표현하기 예시

(감정) 제가 조급했어요.

(의도) 환자 안전이 걱정되고, 선생님이 잘 배우셨으면 하는 마음이 컸어요.

(상황) 그런데 표현이 너무 강해서 선생님께 상처를 줬네요. 미안해요.

빙산 모델 실습

이제 여러분의 차례입니다. 최근에 오해가 있었거나, 감정이 격해졌던 순간을 떠올려보세요.

[상황을 간단히 적어보세요]

언제: ___________________

누구와: ___________________

무슨 일: ___________________

[수면 아래] – 숨겨진 것

1) 그때 나의 감정: (감정 단어 목록에서 골라보세요)

□ __________ □ __________ □ __________

2) 내가 원했던 것: (욕구)

□ __________ □ __________ □ __________

3) 나의 진짜 의도: (진짜 마음)

____

4) 그때 나의 상황:

____

[수면 위] – 보이는 것

나의 말/ 행동 ___________________________________

5장

상대방의 마음을 이해해 봅니다

선배가 저를 무시하는 것 같아요

5년 차 K 간호사가 수간호사 면담실 문을 두드렸다. 평소 밝고 적극적이던 K의 얼굴은 어두웠고, 눈가는 붉어 있었다.

"수선생님, 시간 괜찮으세요? 상담 좀 하고 싶어서요."

"그래요, 앉아요. 무슨 일이에요?"

K는 한숨을 길게 내쉬었다. "L 선배 때문에 요즘 너무 힘들어요. 아침에 출근해서 얼굴 보는 것부터 스트레스예요."

L은 7년 차 간호사다. K보다 2년 선배이고, 같은 팀에서 근무한다. 수간호사는 궁금했다. L은 업무 능력도 좋고, 다른 동료들과도 잘 지내는 편인데, K와는 무슨 일이 있었던 걸까?

"구체적으로 어떤 일이 있었어요?"

"음… 딱 집어서 말하긴 어려운데요. 선배가 저를 무시하는 것 같아요. 제가 말을 걸면 성의 없이 대답하고, 제 의견은 항상 무시하고, 저한테만 차갑게 대하는 것 같아요."

▎ 상대방의 좋은 의도 발견하기

일하다 보면 오해가 생기는 순간들이 있습니다. 동료가 짜증을 내고, 선배가 차갑게 대하고, 후배가 우물쭈물할 때, 우리는 눈에 보이는 것만 봅니다. 짜증 내는 얼굴, 차가운 말투, 우물쭈물하는 모습. 그리고 빠르게 결론을 내립니다. '저 사람은 원래 저래' '성격이 그런 거야' '또 성격 나온다.'

내가 실수했을 때를 생각해 봅시다. 내가 화를 냈을 때, 말을 너무 세게 했을 때, 나는 왜 그랬을까요? 일부러 관계를 망치려고 한

　　　　　　　　　　　　　　　　　　　　　　오늘 마음

건 아닙니다. 나름대로 최선을 다하고 있었는데, 상황이 여의치 않았거나, 표현이 서툴렀거나, 감정이 앞섰을 뿐입니다. 나에게 그런 이유가 있다면, 상대방에게도 있습니다.

선배가 후배에게 큰 소리를 냅니다. 후배는 '선배가 나를 싫어하는구나'라고 생각합니다. 하지만 선배의 진짜 마음은 다를 수 있습니다. 후배가 잘 성장했으면 하는 마음, 환자를 안전하게 돌보고 싶은 마음, 책임을 다하고 싶은 마음. 그 마음이 조급함과 스트레스를 만나 큰 소리로 나왔을 수 있습니다.

사람들은 대부분 자기 나름대로 최선을 다하고 있습니다. 그 최선이 완벽하지 않을 수 있고 표현이 서툴 수도 있습니다. 의도 자체가 나쁜 경우는 정말 드뭅니다. 그래서 먼저 이렇게 질문해 볼 수 있습니다. '이 사람이 일부러 나쁘게 하려고 했을까?' 대부분의 경우는 '아니다'입니다. 사람들은 아침에 일어나서 '오늘은 누구를 힘들게 해볼까?'라고 계획하지 않습니다. 일부러 관계를 망치려 하지도, 상대방을 상처 주려 하지도 않습니다.

사람은 항상 어떤 맥락 속에서 행동합니다. 선배가 짧게 대답한 그날, 응급 환자가 들어오는 중이었을 수 있습니다. 동료가 차갑게 느껴진 그 순간, 다른 일로 스트레스를 받고 있었을 수 있습니다. 후배가 질문을 못 하던 그때, 너무 긴장해서 말이 안 나왔을 수 있습니다.

우리에게 보이는 정보는 극히 일부입니다. 순간의 말과 행동만 봅니다. 나머지 ― 어떤 하루를 보냈는지, 어떤 부담과 걱정을 안고 있는지 ― 는 보이지 않습니다. 문제는 보이지 않는 대부분의 정보를 나의 생각이나 경험으로 해석한다는 것입니다. 정보가 부족할 때 좀 더 부정적인 방향으로 해석합니다. '나를 싫어해서 그럴 거야' '나한테 화가 나서 그런 거야' '원래 저런 사람이야'라고 결론을 내립니다.

상대방의 상황을 한 번 떠올려 본다면 어떨까요? 피곤했을 수도, 바빴을 수도, 다른 일로 걱정이 많았을 수도 있습니다. 개인적으로 힘든 일이 있었을 수도, 업무적으로 부담이 컸을 수도 있습니다. 이런 상황들이 그 사람의 행동에 영향을 미쳤을 가능성이 큽니다.

병원에서 일하는 우리는 모두 비슷한 마음을 가지고 있습니다. 좋은 간호사가 되고 싶습니다. 환자를 잘 돌보고 싶습니다. 동료들과 좋은 관계를 맺고 싶습니다. 인정받고 싶습니다. 성장하고 싶습니다. 차갑게 대하는 선배도, 짜증 내는 동료도, 우물쭈물하는 후배도 마찬가지입니다. 그 사람들도 잘하고 싶어 합니다. 다만 지금은 그 마음을 제대로 표현하지 못했습니다.

선배가 "기록 보면 나와 있잖아요"라고 짧게 말했다면, '나를 무시한다'고 해석할 수도 있습니다. 하지만 '경력자니까 스스로 판단할 수 있다고 믿는다'로 해석할 수도 있습니다. 동료가 회의에서 제안을 거절했다면, '내 의견을 무시했다'고 볼 수도 있습니다. 하지만 '과부하 걸릴까 봐 걱정한다'로 볼 수도 있습니다. 같은 행동, 다른 해석. 진실은 부정적 해석보다 좋은 의도 쪽에 더 가까울 가능성이 큽니다.

'저 사람은 나를 싫어해'라는 렌즈로 보면, 모든 행동이 싫어하는 증거가 됩니다. 짧은 대답도, 무표정한 얼굴도, 간단한 피드백도. 하지만 '저 사람에게도 상황이 있고, 나름대로 최선을 다하고 있다'는 렌즈로 보면, 같은 행동이 다르게 해석됩니다. 짧은 대답은 '바빠서', 무표정한 얼굴은 '피곤해서', 간단한 피드백은 '상대를 믿어서'일 수 있습니다.

상대방을 판단하지 않고, 그 사람의 입장에서 세상을 보려고 노력하는 것이 필요합니다. 왜 그렇게 행동했는지, 그 사람의 관점에서 이해하려고 노력하는 것입니다. 이것은 상대방을 변호해 주는 것이 아닙니다. 잘못된 행동은 여전히 잘못된 것입니다. 하지만 잘못된 행동과 나쁜 의도는 다릅니다. 행동은 서툴렀지만 마음은 좋았을 수 있습니다. 표현은 미숙했지만 의도는 선했을 수 있습니다.

자신을 생각해 보면 알 수 있습니다. 잘하려고 했는데 서툴렀던 순간, 좋은 마음으로 한 일인데 오해받았던 순간. 그때 나는 억울합니다. "내 의도는 그게 아니었는데"라고 말하고 싶었습니다. 상대방도 마찬가지입니다.

| 좋은 의도가 전달되도록 표현해 보기

좋은 의도를 발견하고 나면, 먼저 속으로 말해봅니다. '저 사람도 잘하고 싶었던 거구나' '저 사람도 힘들었구나' '저 사람도 나름대로 최선을 다한 거구나'. 이 과정을 거치면 화가 가라앉고 상대방에 대한 적대감이 줄어듭니다. '저 사람은 나쁜 사람'이라는 확신이 '저 사람도 힘들었구나'라는 이해로 바뀝니다. 상대방이 적이 아니라 동료로 보이기 시작합니다. 나를 공격하는 사람이 아니라, 나와 같은 어려움을 겪고 있는 사람으로 보입니다.

다음은 상대방에게 전달하는 것입니다. 가장 좋은 방법은 질문으로 시작하는 것입니다. "그때 어떤 상황이었어요?" "어떤 마음이었어요?" "그때 선생님 상황은 어땠나요?" 단정하지 않고, 상대방의 이야기를 듣는 것입니다. 나의 해석을 강요하지 않고, 상대방의 설명을 기다리는 것입니다. 질문의 핵심은 비난하지 않고 이해하려는 태도입니다.

'당신이 잘못했어'가 아니라 '당신에게도 이유가 있었을 것 같아요'라는 전제로 묻는 것입니다. 이것은 습관적이고 즉각적인 반응 — 변명하며 물러나거나 반격하는 행동 — 을 탈출하는 방법입니다. 우리 자신이나 상대방의 의도와 인간관계를 여러 측면에서 비추어보게 되어 저항하거나 방어하는 태도 또는 폭력적으로 반응하는 경우가 줄어듭니다. 상대방의 좋은 의도를 발견했다면 그것을 언어로 표현해 줍니다. "선배님도 팀을 생각하셨던 거군요." "선배님도 잘하고 싶으셨던 거네요." "선배님의 그런 마음을 몰랐어요." 상대방의 좋은 의도를 내가 이해했다는 것을 전달하는 것입니다.

이러한 방법은 상대방에게도 안도감을 줍니다. 사람은 누구나 오해받고 싶지 않습니다. 자신의 좋은 의도가 왜곡되어 전달되는 것을 원하지 않습니다. 누군가 내 의도를 제대로 이해해 주고, 그것을 언어로 표현해 주면, '이 사람은 나를 알아준다'는 느낌을 받습니다.

서로의 좋은 의도를 확인하는 순간 표현은 달랐지만 마음은 비슷했다는 것을 알게 됩니다. 둘 다 잘하고 싶었고, 문제를 해결하고 싶었고, 서로에게 좋은 동료이고 싶다는 것을요. 문제도 '누가 잘못했나'에서 '우리가 어떻게 함께 풀어갈 것인가'로 바뀝니다.

좋은 의도를 발견했다고 해서 갈등이 자동으로 사라지지는 않습니다. 함께 풀어갈 가능성이 생깁니다. 이런 대화를 통해 상대방을 비난하지 않으면서도, 내가 원하는 것을 말할 수 있습니다. 나를 비난하지 않으면서도, 내가 실수한 것을 인정할 수 있습니다.

상황 이해하기

수간호사 (가만히 눈을 맞추며 끄덕인다) L 선생님과의 관계 때문에 마음이 무거웠군요. 어떤 일들이 있었는지 조금 더 들려줄 수 있을까요?

K 지난주 회의 때 제가 새 교육 자료 아이디어를 냈는데, 선배님이 바로 현실적이지 않다고 자르셨어요. 어제도 드레싱 방법을 여쭤봤는데 쳐다보지도 않고 "기록 보면 나와요"라고만 하셨고요.

수간호사 (경청한 뒤) 회의 때 제안했던 일과 어제 드레싱 질문을 했던 상황이었군요.

K 음... 인계할 때도 제 차례가 되면 유독 한숨을 쉬는 것 같고... 그냥 모든 행동이 저를 무시하시는 것처럼 느껴져서 위축돼요.

수간호사 한숨 소리 하나도 그냥 넘기기가 쉽지 않았겠네요.

K 제가 뭔가 잘못한 게 있나 싶어서 계속 돌아보게 돼요.

수간호사 이유를 알 수 없으니 더 답답했겠네요.

수간호사 그런 상황들을 겪으면서 선생님 마음이 참 쉽지 않았겠네요. 그럴 때 선생님 마음은 어땠나요? (감정 단어 목록을 보여주며) 괜찮다면, 이 목록에서 한 번 찾아보시겠어요?

K (목록을 잠시 살펴보다가) 사람들 앞에서 제 제안이 거절당하니까 너무 민망했어요. 그리고 나중에는 혼자 있는데 되게 서러운 마음이 들더라고요. 내가 뭘 그렇게 잘못했나 싶어서요.

수간호사 민망하기도 하고, 한편으론 서러운 마음도 들었군요. 그런 마음 말고 또 느껴지는 감정이 있을까요?

K ...불안하기도 해요. 앞으로 계속 같이 일해야 하는데, 관계가 계속 이럴까 봐요.

수간호사 그런 마음이면 저라도 힘들 것 같아요.

K 네. 그리고... 요즘엔 근무 들어가기 전에 '오늘도 그 선배님이랑 같은 팀인가' 먼저 확인하게 돼요. 같은 팀이면 아침부터 마음이 무거워지고요. 그게 너무 싫은데, 스스로도 어쩔 수가 없어요.

수간호사 (잠시 침묵하며) 그 정도로 걱정되고 힘들군요.

수간호사 그 마음 충분히 이해가 돼요. 민망하고 서러운 감정이 그만큼 컸다는 건, 선생님 안에 그만큼 원하는 게 있었다는 뜻이기도 해요. 그 감정들 뒤에, 선생님이 진짜 원했던 마음은 무엇이었을까요?

K (잠시 생각하다가) ...잘 모르겠어요. 그냥 힘들었던 것 같아요.

수간호사 그럴 수 있어요. 쉽게 떠오르지 않는 게 자연스러워요. 제가 조금 같이 찾아봐도 될까요?

K 네.

수간호사 회의에서 아이디어를 냈을 때, 선생님은 어떤 반응을 바랐던 것 같아요? "좋은 생각이네요" 같은 말이었을까요, 아니면 다른 무엇이었을까요?

K 음... 그냥 무시당하지 않았으면 했던 것 같아요. "현실적이지 않다"는 말보다는 일단 들어준다는 느낌이요.

수간호사 들어주고 인정받는 느낌. 혹시 그게 '존중받고 싶다'는 마음과 비슷한가요?

K (천천히) ...네, 맞아요. 인정, 존중. 그 말이 더 맞는 것 같아요. 저는 환자들이 교육 자료를 잘 이해했으면 좋겠다는 마음이었어요. 그리고 5년 차니까 이제는 선배님께 인정도 받고 싶고, 제 몫을 다하는 간호사가 되고 싶었거든요.

수간호사 그렇군요. 환자를 위하는 마음, 그리고 존중받고 인정받고 싶은 욕구가 선생님의 수면 아래에 있었네요. 제가 지금까지 봐온 K 선생님의 모습과도 같네요.

K 감사합니다. 제가 왜 그렇게 상처받았는지 좀 이해가 되는 것 같아요. 조금 위안이 돼요.

수간호사 선생님의 마음을 말해줘서 고마워요.

오늘 마음

수간호사　이렇게 말해주니 선생님의 진심이 저에게도 잘 전달되는 것 같아요. 제가 한 가지 제안을 드리려 해요. 지금까지 우리 K 선생님 마음을 같이 이야기해 보았는데, 이번엔 L 선생님 쪽으로도 시선을 한번 옮겨볼 수 있을까요? L 선생님을 두둔하려는 게 아니라, 그 상황을 좀 더 넓게 보기 위해서요. 괜찮을까요?

K　(잠깐 생각하다가)… 네, 한번 해볼게요.

수간호사　그럼 먼저, 선생님이 보기에 L 선생님은 어떤 사람인 것 같아요? 평소 일하는 방식이나 태도를 떠올려보면요.

K　음… 엄하긴 해도 일은 정말 꼼꼼하게 하시거든요. 후배한테도 원칙을 강조하시고요. 무섭긴 한데, 실력은 최고여서 L 선배에게 인정받고 싶어요.

수간호사　그렇군요. 저도 공감해요. L 선생님에 대해서 잘 알고 있는 것 같아요.

K　원래 츤데레인데, 요즘 유독 차갑게 느껴졌어요.

수간호사 그랬군요. 그럼 L 선생님이 했던 말과 행동을 한번 사실 그대로만 떠올려볼게요. 선생님이 느낀 감정은 잠깐 옆에 두고, L 선생님이 실제로 한 말, 한 행동만 본다면 어떤 것들이 있었나요?

K 회의에서 "현실적이지 않다"고 했고… 드레싱 질문에 "기록 보면 나와요"라고 했고… 인계 때 한숨을 쉬셨어요.

수간호사 그렇군요. 좀 과격한 가정이지만 혹시 L 선생님이 K 선생님을 일부러 힘들게 하려고 그런 말을 했을까요?

K (잠시 멈추며) 잘 모르겠지만, 사실 한숨이나 짧은 대답은 저한테만 한 게 아닐 수도 있겠네요. 그냥 그 선배님 습관일 수도 있고요. 근데 그게 제 쪽으로 향한다고 느껴지니까 저도 모르게 그렇게 생각했던 것 같아요.

수간호사 객관적으로 생각해보려고 애써주셔서 감사해요.

수간호사 그럼 이제 우리가 아는 범위에서 L 선생님의 상황을 한번 같이 떠올려 볼게요. 그때 L 선생님은 어떤 상황이었을까요?

K 음… 요즘 선배님이 프리셉터를 맡고 있고, 인증 평가 TF 리더도 맡으셨어요. 어제 드레싱 때도 응급 환자가 들어왔었나봐요. 저는 나중에 알았어요. 요즘 회의 참여도 많은 것 같긴해요.

수간호사 L 선생님의 상황을 잘 찾아봐 주어서 감사해요.

K 되게 바쁘고 피곤할 것 같아요. 선배님도 많이 버거우셨겠다 싶어요.

수간호사 K 선생님도 속상했을 텐데, 욱하고 서운할 수 있는 질문에 진지하게 고민하고 이야기해주셔서 감사해요. L 선생님을 생각해주는 마음이 저에게도 느껴지네요. 그 바쁜 상황에서 L 선생님은 어떤 마음이었을까요?

K 음... 여유가 없었을 것 같아요. 지쳐 있었을 것 같고요.

수간호사 "기록 보세요"라는 말은요? 저는 이 말이 5년 차이고 이렇게 열심히 하는 K 선생님을 믿기 때문에 나온 말일 수도 있겠다고 생각했어요. '이 정도는 스스로 찾을 수 있다'는 신뢰요. 선생님은 어떻게 생각하세요?

K (잠시 멈추며)... 그렇게 생각하니까 조금 다르게 들리네요. 그럴 수도 있겠네요.

수간호사 지금은 마음이 좀 어떤가요?

K 선배가 저를 싫어해서 그런 게 아니라, 그 상황을 버텨내느라 여유가 없었다는 게 느껴졌어요. 선배 입장에서 상황을 생각해 본 게 도움이 된 것 같아요. 조금 담담하게 선배님을 마주할 수 있을 것 같아요.

수간호사 사실 오늘 이야기를 나누면서 걱정도 됐어요. 제가 L 선생님 편을 드는 것처럼 느껴지면 어쩌나 하고요. 제 질문을 진지하게 생각하고 대답해 줘서 감사해요.

K 아니에요. 들어주셔서 제가 감사하죠. 몰랐던 마음을 알게 된 것 같아요.

수간호사 그리고 이야기를 나누면서, 선생님이 L 선생님을 얼마나 생각하고 있는지도 느껴졌어요. 그게 저는 더 마음에 남아요. 선생님이 있어서 우리 병동이 참 든든합니다.

K 감사합니다. 말하고 나니 한결 가벼워졌어요.

새로운 통찰과 관점으로 자신과 상대방을 이해할 수 있습니다. 이런 대화를 주고받기까지 적지 않은 연습이 필요하지만, 서로의 좋은 의도를 들여다보려는 시도는 빙산을 녹이고 하나가 되게 합니다.

6장

성격에 따라 소통방식도 달라집니다

누구를 기준으로 말해야 할까요?

선배 1이 세 명의 간호사에게 똑같은 말을 했다.
"환자 응대를 좀 더 신경 써주세요."

A 간호사의 반응

A 간호사는 즉시 몸을 돌려 선배 1을 마주 봤다. 눈을 똑바로 보며 물었다. "구체적으로 어떤 부분을 말씀하시는 건가요? 제가 뭘 잘못했는지 알아야 고칠 수 있잖아요." 목소리는 차분했지만, 질문은 명확했다. 선배 1은 순간 당황했다. '내가 뭐라고 했지? A 간호사가 기분 나빠한 건가? 왜 이렇게 따져 묻는 거지?'

B 간호사의 반응

B 간호사는 환하게 웃으며 대답했다. "네 알겠습니다, 선배님! 더 신경 쓸게요!" 목소리는 밝았고, 표정은 긍정적이었다. 선배 1은 안도했다. 'B 간호사는 역시 받아들이는 게 빨라.' 책상으로 돌아온 B 간호사는 생각했다. '선배님이 날 믿고 말씀하신

거야. 더 잘해야지. 그런데… 구체적으로 뭘 더 해야 하는 거지?'

C 간호사의 반응

C 간호사는 살짝 고개를 숙이며 작은 목소리로 대답했다. "네…" 그리고 조용히 돌아섰다. 선배 1은 C 간호사의 뒷모습을 보며 궁금했다. 'C 간호사는 내 말을 제대로 이해한 걸까? 기분이 상한 건 아닐까?' C 간호사는 자리로 돌아와 계속 생각했다. '내가 뭘 잘못했을까? 환자 응대를… 어떤 부분을? 언제? 혹시 어제 그 환자분? 아니면 오늘 아침? 정확히 뭘 말씀하시는 거지? 물어봐야 하나? 그런데 지금 물어보면 변명하는 것처럼 들리지 않을까?'

선배 1의 고민

선배 1은 당황스러웠다. '똑같이 말했는데, 반응이 이렇게 다를까?' '내가 뭔가를 더 말해줬어야 하나?'

선배 1은 어떤 기준으로 말해야 했을까요?

우리는 관계 속에서 사람을 본다

미시간 대학의 심리학자 리처드 니스벳(Richard Nisbett)이 미국 학생들과 중국 학생들에게 그림 세 장을 보여줬습니다.[18] 원숭이, 바나나, 판다. 그리고 물었습니다. "이 중에서 두 개를 묶으세요. 어떤 것과 어떤 것이 같은 그룹인가요?" 미국 학생들은 거의 주저하지 않고 대답했습니다. "원숭이와 판다요!" 왜냐고 물으니 너무 당연하다는 듯 말했습니다. "둘 다 동물이잖아요. 같은 카테고리죠."

중국 학생들은 다르게 대답했습니다. "원숭이와 바나나요!" 왜냐고 물으니 역시 당연하다는듯 말했습니다. "원숭이가 바나나를 먹잖아요." 니스벳은 이 간단한 실험을 통해 놀라운 사실을 발견했습니다. 서양인들은 세상을 '대상' 중심으로 보고, 동양인들은 세상을 '관계' 중심으로 본다는 것입니다.

이 차이는 우연이 아니었습니다. 니스벳은 수천 명을 대상으로 다양한 실험을 반복했습니다. 소, 닭, 풀을 보여주면 미국인들은 '소와 닭'(둘 다 동물)을 묶었고, 중국인들은 '소와 풀'(소가 풀을 먹음)을 묶었습니다. 아이, 엄마, 요람을 보여주면 미국인들은 '아이와 엄마’(둘 다 사람)를 묶었고, 중국인들은 ‘아이와 요람’(아이가 요람에 누움)을 묶었습니다.

니스벳은 왜 이런 차이가 생기는지 깊이 탐구했습니다. 고대 그리스와 고대 중국의 철학을 비교하면서 실마리를 찾았습니다. 고대 그리스 철학자들은 본질(essence)을 찾으려 했습니다. “인간이란 무엇인가?” “정의란 무엇인가?” “아름다움이란 무엇인가?” 대상 자체의 본질적 속성에 집중했습니다. 플라톤은 이데아를, 아리스토텔레스는 범주(category)를 만들어 세상을 분류했습니다.

반면 고대 중국의 철학자들은 조화(harmony)를 추구했습니다. “어떻게 관계를 맺어야 하는가?” “어떻게 균형을 이룰 것인가?” “어떻게 함께 살 것인가?” 대상 간의 관계와 맥락에 집중했습니다. 공자, 맹자는 오륜(五倫)으로 다섯 가지 관계를 설명했고, 노자는 만물이 서로 의존한다고 했습니다. 이런 사고방식은 수천 년에 걸쳐 문화 속에 깊이 뿌리내렸고, 지금도 우리가 세상을 보는 방식에 영향을 미치고 있습니다.

특히 함께 일하는 현장에서는 사람을 개별적 존재로만 보기보다 ‘관계 속 존재’로 보는 관점이 중요합니다. 관계 안에서 각자가 어떻게 해석하고 반응하는지, 어떤 의미로 말하고 행동하는지를 읽어내는 일은 협업과 소통의 핵심이기 때문입니다.

사람을 이해하기 위해 성격을 유형으로 파악하려는 시도는 의미 있는 노력입니다. 수많은 사람들과 관계를 맺어야 하는 현대 사회에서, 상대를 이해하는 빠른 출발점이 필요하기 때문입니다. 여러 사람이 모여 함께 일하는 직장 생활에 성격 이야기가 안 나올 수 없습니다. 어떤 방식으로든 성격 차이는 피할 수 없고, 그 차이로 인한 오해와 갈등은 여러 에피소드로 꼬리를 물고 이어지게 되죠.

성격 심리학에서는 인간의 성격을 간단히 말해 한 개인의 인지, 정서, 행동의 패턴으로 정의합니다. 사람마다 생각하고 감정을 느끼고 행동하는 방식이 다르다는 의미입니다. '이 사람은 명확함을 중시하는 편이구나' '이 사람은 관계를 우선하는구나'를 아는 것만으로도 대화가 훨씬 수월해집니다. '이 사람은 빠르게 결론을 원하는 타입인가, 천천히 자세한 설명을 듣고 싶어하는 타입인가?'를 아는 것만으로도 대화의 방식이 달라지고, 같은 내용이라도 어떻게 전달하느냐에 따라 상대의 반응이 완전히 달라질 수 있습니다.

자기 이해에도 도움이 됩니다. '나는 왜 이럴까?'를 이해하는 것은 성장의 첫걸음이고, '나는 변화가 갑작스럽게 오면 불안해하는 편이구나'를 아는 것만으로도 대비를 하거나 다른 방식의 시도를 해볼 수 있습니다. 자신의 패턴을 알면, 조절할 수 있는 가능성이 열리니까요. '우리가 왜 자꾸 엇갈릴까?'의 답을 찾을 때도, 성격 유형은 유용한 지도가 됩니다. '이, 나는 빠르고 저 사람은 신중하구나' '나는 업무 중심이고 저 사람은 관계 중심이구나'를 알면, 갈등의 원인이 보이고 조절의 방향이 보입니다.

업무 중심인 사람은 자신의 업무를 제대로 마치지 못했을 때 마음이 상하고, 관계 중심인 사람은 사람들 사이의 관계가 그 무엇보다 중요합니다. 이런 패턴을 이해하면 쓸데없는 감정에서 벗어나 상대방을 배려하는 대화를 할 수 있습니다.

하지만 성격 유형에는 교묘한 함정이 있습니다. 1948년, 심리학자 버트램 포러(Bertram Forer)가 학생들에게 성격 검사를 실시했습니다.[19] 학생들은 질문지에 성실하게 답했고, 일주일 동안 자신만의 고유한 성격 분석 결과를 받게 될 것이라 기대하며 기다렸습니다.

일주일 후 포러는 각 학생에게 봉투를 나눠주며 말했습니다. "여러분 각자의 성격 분석 결과입니다. 다른 사람의 것과 비교하지 말고, 자신의 것만 읽어보세요." 학생들은 봉투를 뜯고 결과를 읽기 시작했습니다. 그리고 놀랐습니다. "와 정확해요!" "이거 완전 저예요!" "저를 어떻게 이렇게 잘 아세요?" 포러가 물었습니다. "얼마나 정확한가요? 0점에서 5점 만점으로 평가해 보세요." 평균 점수는 4.26점이었습니다. 거의 완벽하다는 뜻이었고 학생들은 만족스러워했습니다. 자신의 성격이 정확하게 분석되었다고 믿었습니다.

포러는 비밀을 밝혔습니다. "여러분이 받은 성격 분석 결과는 모두 똑같습니다." 학생들은 충격을 받았습니다. 봉투를 서로 비교해 보니 정말로 단어 하나 다르지 않게 똑같은 내용이었습니다. 포러가 모든 학생에게 나눠준 내용은 신문의 별자리 운세란에서 가져온 것이었습니다.

"당신은 다른 사람들에게 호감을 사고 인정받고 싶은 강한 욕구가 있습니다." "당신은 자신에게 비판적인 경향이 있습니다." "당신은 아직 사용하지 못한 상당한 잠재력을 가지고 있습니다." "겉으로는 자제되고 통제되어 있어 보이지만, 내면은 걱정하고 불안해하는 경향이 있습니다." 이것들은 누구에게나 해당되는 일반적인 내용이었습니다. 학생들은 이것이 자신만을 위한, 자신을 정확히 설명하는 특별한 분석이라고 믿었습니다.

사실 우리는 이런 경험을 이미 해본 적이 있습니다. 성격 관련 온갖 사연을 혈액형으로 설명했던 시기가 있었습니다. "B형 남자는 자유분방해." "너는 AB형이라서 독특한 거야." "그 사람은 O형이라 리더십이 있어." "나는 A형이 좋더라." 혈액형과 성격은 상관관계가 없다고 전문가들이 오랫동안 소리 높여 일깨워주었지만,

여기저기서 자기가 알고 있는 혈액형에 대한 주장이 뒤섞였고, 절반은 맞을 터이니 밑져야 본전이지 하는 마음과 혹시나 하는 기대로 누구나 자신의 상황에 이리저리 적용해 본 경험이 있을 것입니다.

흥미롭게도 전세계에서 한국과 일본만 성격을 혈액형으로 이해하는 것이 유행했다고 합니다. "A형은 꼼꼼하고 소심해" "B형은 자기중심적이야." "O형은 사교적이야." "AB형은 이중적이야." 이런 설명을 들을 때, 우리는 자신이 그런 순간들을 떠올리고 '맞아, 나 꼼꼼해' '맞아, 나 사교적이야'라고 생각하며, 그렇지 않은 수많은 순간들은 예외로 처리했습니다. '그건 스트레스 받아서 그랬어' '그땐 상황이 특수했어'.

요즘 유행하는 다양한 성격 검사도 혈액형처럼 포러 효과에서 완전히 자유로울 수 없습니다. 더 위험한 것은, 포러 효과가 우리를 과신하게 만든다는 것입니다. '이 검사는 나를 정확히 알아맞혔어'라고 생각하면 우리는 그 결과를 절대적 진실로 받아들이기 시작하고 그 틀 안에 자신을 가둡니다.

그렇다면 어떻게 성격 유형을 활용해야 할까요? 핵심은 타입(유형론, 타입론)이 아니라 구성개념으로 바라보는 것입니다. "나는 D타입이야" "너는 S타입이야"라고 상자에 넣는 것이 아니라, DISCplus에서는 두 가지 구성개념으로 사람의 패턴을 관찰하고 이해합니다.[20] 간단한 개념이지만 현장에서 즉각적으로 활용하기에 매우 유용하고, 다양한 리더십 상황에도 많은 도움이 되기에 간단히 소개합니다.

첫 번째 구성 개념은 속도입니다. "이 사람은 빠르게 결정하고 행동하는 편인가, 신중하게 생각하고 천천히 움직이는 편인가?" 이것은 외향과 내향이라는 고정된 성격이 아니라, 상황에 따라 조절할 수 있는 개념과 가이드를 제공합니다.

두 번째 구성개념은 우선순위입니다. "이 사람은 목표와 결과를 중시하는가, 관계와 조화를 중시하는가?" 이것도 업무나 관계라는 타입이 아니라 맥락에 따라 선택할 수 있는 초점입니다. 이렇게 보면 사람은 어느 하나의 타입에 갇히지 않고, 상황에 따라 다양하게 반응하고 행동하는 패턴을 알아차리고 조절할 수 있게 됩니다.

더 중요한 것은 이것이 조절의 언어를 제공한다는 것입니다. '나는 빠른 편이구나'를 알면 '회의에서 내가 너무 빨라서 사람들을 놓치고 있지는 않은가?' '나만 너무 주도하고 있지는 않은가?'라는 조절의 방향이 있는 질문이 가능해집니다. '나는 업무를 우선하는 편이구나'를 알면 '이 상황에서는 관계를 먼저 챙겨야 하지 않을까?'라는 의식적 선택이 가능해집니다. 언제 브레이크를 밟아야 할지, 언제 가속페달을 밟아야 할지, 언제 사람을 챙기고, 언제 업무에 집중할 지 선택할 수 있게 됩니다.

　성격 유형 도구의 목적은 D, I, S, C 타입으로 나누는 것이 아니라, '성숙한 나'에 조금 더 가까워지기 위한 관점을 가지는 것입니다. '나는 원래 이런 사람이야'에서 멈추는 것이 아니라, '오늘 이 상황에서 나는 어떻게 조절하면 좋을까?'까지 나아가는 것입니다.

▎구성 개념: 속도와 우선순위

　같은 상황을 경험해도 각자가 가진 패턴에 따라 세상을 다르게 보고, 다르게 느끼고, 다르게 행동합니다.

　선배1이 세 명의 간호사에게 똑같이 말했습니다. "환자 응대를 좀 더 신경 써주세요." 하지만 A 간호사, B 간호사, C 간호사는 다르게 반응했습니다. 왜일까요? 각자의 속도와 우선순위가 만들어낸 자동적 패턴 때문입니다. 이 패턴을 이해하면, A 간호사가 왜 "구체적으로 어떤 부분인가요?"라고 물었는지, B 간호사가 왜 "네! 더 신경 쓸게요!"라고 밝게 대답했는지, C 간호사가 왜 "네…"라고 짧게 대답하고 돌아갔는지가 보입니다. 그리고 더 중요한 것은, 이 패턴을 알면 어떻게 조절하고 소통할 수 있는지도 보인다는 것입니다.

속도의 차이란 무엇일까요? 왜 그런 차이가 생겼을까요? 2만 년 전 시절을 상상해 보세요. 숲 속을 걷다가 뒤에서 바람이 스윽 불었습니다. 이때 두 가지 반응이 가능합니다. 하나는 '별거 아냐, 그저 바람일 거야'라고 생각하는 것이고, 다른 하나는 '무서운 호랑이일 거야!'라고 생각하는 것입니다. 어느 쪽이 생존에 유리했을까요?

바람을 호랑이로 착각하면 도망가느라 에너지를 낭비합니다. 하지만 살아남습니다. 반면 호랑이를 바람으로 착각하면 편안히 걷습니다. 만약 바람이 아닌 호랑이였다면 죽음으로 끝납니다. 특히 과거에는 조금의 위험에도 목숨을 잃을 수 있는 매우 위험한 환경이었습니다. 맹수, 낭떠러지, 예측할 수 없는 자연재해까지. 그래서 모든 인간은 기본적으로 조심하는 성향을 타고났습니다. '안전하다고 입증되기 전까지는 위험하다'고 가정하는 것이 생존에 훨씬 유리했기 때문입니다. 이것이 DISCplus에서 설명하는 내향의 정의입니다. 내향적인 사람은 세상을 '안전하다고 입증되기 전까지는 위험한' 곳으로 봅니다. 이것은 타고난 세계관입니다.

하지만 모든 사람이 극도로 조심스러웠다면 어떻게 되었을까요? 아무것도 시도하지 않았을 것입니다. 새로운 사냥터를 찾지 않았을 것입니다. 새로운 과일도 먹어보지 않았을 것입니다. 새로운 부족과 교류하지 않았을 것입니다. 그러면 모두 굶어 죽었을 것입니다. 생존하려면 위험을 감수하고라도 시도해야 할 때가 있습니다. 그래서 다른 생존 전략도 필요했습니다. '위험하다고 입증되기 전까지는 안전하다'고 가정하는 전략입니다. 이것이 외향의 정의입니다. 외향적인 사람은 세상을 '위험하다고 입증되기 전까지는 안전한' 곳으로 봅니다.

내향적인 조상은 조심스럽게 움직여서 살아남았습니다. 천천히 생각하고, 충분히 확인하고, 확신이 들 때 행동했습니다. 외향적인 조상은 빠르게 시도해서 새로운 기회를 잡았습니다. 일단 해보고, 문제가 생기면 그때 대응했습니다. 둘 다 후손을 남겼고, 그래서 지금도 두 유형의 사람들이 모두 존재합니다.

외향적인 사람은 세상이 기본적으로 안전하다고 보기 때문에 속도가 빠릅니다. 새로운 사람을 만나는 것도, 새로운 일을 시도하는 것도, 빠르게 결정하는 것도 자연스럽습니다. 내향적인 사람은 세상이 기본적으로 위험하다고 보기 때문에 속도가 느립니다. 천천히 관찰하고, 충분히 생각하고, 확신이 든 후에 움직이는 것이 자연스럽고 안전하다고 느낍니다. 수십만 년 동안 유전자에 각인된 생존 전략의 차이입니다.

우선순위의 차이: 업무 중심과 관계 중심

또 다른 생존 전략도 있었습니다. 남자들은 주로 사냥을 했습니다. 사냥할 때 가장 중요한 것은 성과입니다. 얼마나 노력했는지, 동료와 관계가 좋은지는 중요하지 않았습니다. 사슴을 잡아야만 먹을 수 있고, 먹어야 살 수 있었습니다. 사냥에서 이겨야 살고, 전쟁에서 이겨야 살았습니다. 이것 자체가 생존이었습니다. 사냥과 싸움을 잘하는 것은 능력의 상징이었습니다. 능력 있는 사람이 더 많은 자원을 얻고, 더 나은 배우자를 선택할 수 있었습니다. 그래서 업무 중심(task)의 사고방식이 발달했습니다.

사냥꾼들은 어떻게 소통했을까요? 눈을 마주보며 얘기했을까요? 아닙니다. 같은 방향을 보면서 소통했습니다. 사슴이 어디로 갔는지, 적이 어디에 있는지, 함정을 어디에 설치할지, 같은 목표를 향해 같은 방향을 보는 것이 중요했습니다. 공감이나 감정 표현보다 효율적인 작전 수행이 우선이었습니다. 관계가 중요하지 않았던 것은 아닙니다. 하지만 우선순위에서 성과가 먼저였고 이것은 곧 생존의 문제였습니다. 살아남으려면 일단 사냥에 성공해야 했으니까요.

2만 년 전 엄마들은 어땠을까요? 아기를 키우는 엄마에게 가장 중요한 것은 무엇일까요? 관계입니다. 아기와의 유대감입니다. 아기의

오늘 마음

기분을 읽는 것입니다. 아기가 왜 우는지, 무엇을 원하는지, 아픈지 배고픈지, 미세한 표정 변화를 읽어야 아기를 살릴 수 있었습니다. 말을 할 수 없는 아기를 키우려면 공감 능력이 필수였습니다. 느낌, 감정, 비언어적 신호를 읽는 능력이 생존과 직결되었습니다.

엄마는 아기와 어떻게 소통했을까요? 같은 방향을 보면서? 아닙니다. 서로 눈을 마주 보며 소통했습니다. 아기의 눈을 보고, 표정을 보며, 감정을 읽었습니다. 이것이 생존에 필수적이었습니다. 그리고 마을 공동체에서 쫓겨나는 것은 생존할 수 없다는 것과 같았습니다. 혼자서는 아기를 키울 수 없어 다른 엄마들과 협력해야 했고, 마을 사람들과 좋은 관계를 유지해야 했습니다. 아이들을 낳고 키우는 것은 생존 다음으로 중요한 목표였습니다. 그래서 관계 중심, 즉 사람 중심의 사고방식이 발달했습니다.

이러한 생존 전략이 유전자에 각인되면서, 지금도 어떤 사람은 성과를 우선시하고, 어떤 사람은 관계를 우선시합니다. 마치 두 손으로 손깍지 낄 때 어떤 사람은 왼쪽 엄지를 위로, 어떤 사람은 오른쪽 엄지를 위로 끼는 것이 편한 것처럼 자신에게 너무나 자연스럽고 의식하기 어려운 삶의 생존 방식입니다.

업무 중심의 사람들은 '결과를 내는 것'이 가장 중요합니다. 명확한 목표, 효율적인 실행, 측정가능한 성과를 추구합니다. 같은 방향을 보며 대화하는 것이 편하고, 논리와 체계를 중시하고, 감정보다 사실을 우선합니다. 관계 중심의 사람들은 '느낌과 감정'이 가장 중요합니다. 이 사람과 함께 있을 때 기분이 좋은지, 서로 이해하고 있는지를 중시합니다. 눈을 마주 보며 대화하는 것이 편하고, 공감과 배려를 중시하고, 사실보다 감정을 우선할 때가 많습니다.

남성적 특징과 여성적 특징이라고 표현하기도 하지만, 이것도 정확하지 않습니다. 남자 중에도 관계 중심인 사람이 많고, 여자 중에도 업무 중심인 사람이 많습니다. 중요한 것은 두 전략 모두 수십만 년 동안 생존에 유리했던 서로 다른 방식이라는 것입니다. 사냥도 필요했고 양육도 필요했습니다. 성과와 관계 모두 중요했습니다.

결국 속도(속도가 빠르다-외향, 느리다-내향)와 우선순위(업무 중심 task, 관계 중심people)라는 두 개의 축은 단순한 성격 분류가 아닙니다. 이것은 인류가 수십만 년 동안 생존하기 위해 발달시킨 서로 다른 전략의 조합입니다. 외향과 내향은 위험을 다루는 방식의 차이입니다. 업무 중심과 관계 중심은 생존과 번식에서 무엇을 우선하는지의 차이입니다. 이 두 축이 만나서 네 가지 스타일을 만듭니다. 빠르고 업무 중심인 사람, 빠르고 관계 중심인 사람, 느리고 관계 중심인 사람, 느리고 업무 중심인 사람. 그리고 이 모든 스타일은 각자의 방식으로 생존에 기여했습니다.

오늘 마음

빠르고 업무 중심: A 간호사의 패턴

A 간호사처럼 속도가 빠르고 업무 중심인 사람들은 명확함과 효율을 중시합니다. 이들은 빠르게 파악하고, 정확하게 실행하고, 결과를 냅니다. 문제를 발견하면 즉시 원인을 찾고, 해결책을 구하고, 실행에 옮기려 합니다. 애매한 상황, 불분명한 지시, 늘어지는 회의를 답답해합니다. 이들에게 일을 제대로 해내지 못하는 것은 큰 스트레스입니다. 이들의 자동적 전제는 '명확하고 빠르게 처리하는 것이 최선이다' '시간은 효율적으로 써야 한다'입니다.

A 간호사의 강점은 분명합니다. 빠른 결정력, 추진력, 실행력이 있습니다. 문제가 생기면 가장 먼저 움직이고, 목표를 향해 빠르게 나아갑니다. 일 잘하는 이 사람들에게도 어려움은 있습니다. 빠르게 말하고 행동하다 보니 다른 사람들이 따라오지 못할 때가 있습니다. 명확함을 추구하다 보니 "왜요?" "구체적으로요?"라는 질문이 많아지고, 이것이 상대에게는 '따지거나 독촉하는 것'으로 느껴질 수 있습니다. 관계보다 일을 우선하다 보니, 상대의 감정을 놓

치거나 차갑게 느껴질 수 있습니다.

　그렇다면 A 간호사는 어떻게 조절할 수 있을까요? 첫째, 의식적으로 템포를 늦추는 연습입니다. '지금 내가 너무 빠르게 가고 있지 않은가?' '상대방도 이 속도를 따라오고 있나?'를 체크합니다. 회의에서 발언하기 전에 3초만 쉬어보는 것, 질문하기 전에 '이 질문이 상대에게 어떻게 들릴까?'를 한 번 생각해 보는 것만으로도 달라집니다. 둘째, 관계 언어를 먼저 사용하는 연습입니다. "이 부분 확인 부탁드립니다" 앞에 "수고하셨어요"를 붙이는 것, "왜요?" 대신 "제가 제대로 이해하고 싶어서 여쭤보는데요"라고 맥락을 설명하는 것입니다.

빠르고 관계 중심: B 간호사의 패턴

　B 간호사처럼 속도가 빠르고 관계 중심인 사람들은 인정과 연결을 중시합니다. 이들은 사람들과 함께하고, 인정받고, 분위기를 밝게 만드는 사람들입니다. 새로운 사람을 만나는 것을 좋아하고, 대화를 나누는 것을 즐기고, 사람들 사이의 긍정적인 에너지에서 힘을 얻습니다. 외로움, 무시당하는 느낌, 갈등 상황을 힘들어합니다. 이들에게 체면 손상과 관계가 틀어지는 것은 큰 고통입니다. 이들

의 자동적 전제는 '관계가 좋으면 모든 것이 잘 된다' '인정받는 것
은 삶의 즐거움이자 원동력이다' '대부분의 상황에서 밝고 긍정적
인 것이 좋고 유리하다'입니다.

B 간호사의 강점은 분명합니다. 빠른 친화력, 긍정적인 에너지, 분
위기 메이커 역할을 잘합니다. 새로운 팀원이 왔을 때 가장 먼저 다
가가고, 팀 분위기가 무거울 때 밝게 만들고, 사람들을 연결하는 역
할을 잘합니다. 하지만 늘 밝은 사람들도 어려움은 있습니다. 인정받
고 싶은 욕구가 강해서 비판적인 피드백을 제대로 듣지 못하고 공격
으로 해석할 수 있습니다. 관계를 우선하다 보니 필요한 의견을 말하
지 못하거나 갈등을 회피할 수 있습니다. 사람들의 반응에 민감해서
작은 눈치에도 '나를 싫어하나?'라고 걱정할 수 있습니다.

그렇다면 B 간호사는 어떻게 조절할 수 있을까요? 첫째, 비판과
거절을 '관계의 끝'이 아니라 '성장의 기회'로 재해석하는 연습입
니다. "선배님이 이렇게 말씀하시는 건, 날 싫어해서가 아니라 내
가 더 잘하길 바라서야"라고 의식적으로 생각해 봅니다. 둘째, 즉
각 반응하기 전에 한 박자 쉬는 연습입니다. 피드백을 받았을 때
바로 "네! 알겠습니다!"라고 대답하기 전에, '구체적으로 어떤 부
분을 말씀하시는 거지?'를 생각해 보는 것입니다. 셋째, '혼자 조용
히 생각하는 시간'도 괜찮다는 경험 쌓기입니다. 항상 사람들과 함

께 있어야 하는 것이 아니라 혼자 있는 시간에도 에너지를 얻을 수 있다는 것을 연습합니다.

느리고 관계 중심: C 간호사의 패턴

C 간호사처럼 속도가 느리고 관계 중심인 사람들은 안정과 조화를 중시합니다. 이들은 예측가능하고, 평화롭고, 조화로운 관계를 선호합니다. 갑작스러운 변화, 갈등 상황, 혼란스러운 분위기를 불편해합니다. 천천히 생각하고, 충분히 고려하고, 확신이 생긴 후에 움직이는 것을 선호합니다. 이들에게 관계의 균열이나 급격한 변화는 큰 불안을 줍니다. 이들의 자동적 전제는 '천천히 신중하게 하는 것이 안전하다' '조화가 깨지지 않는 것이 중요하다' '확신이 있어야 움직일 수 있다'입니다.

C 간호사의 강점은 분명합니다. 꾸준함, 신뢰감, 경청하는 능력이 뛰어납니다. 한 번 맡은 일은 끝까지 책임지고, 동료들의 말을 잘 들어주고, 팀의 안정감을 만드는 역할을 잘합니다. 하지만 늘 다른 사람들의 말을 잘 들어주는 이 사람도 어려움이 있습니다. 빠른 결정이나 즉각적인 반응이 필요한 상황에서 부담을 느낍니다. 의견을 말해야 할 때 '이렇게 말하면 분위기가 어색해지지 않을까?'

오늘 마음

를 많이 걱정해서 침묵하게 됩니다. 새로운 변화가 생길 때 적응하는 데 시간이 오래 걸리고, '지금도 겨우 버티는데 이걸 더 하라고? 바꾸라고?'라는 마음이 듭니다.

그렇다면 C 간호사는 어떻게 조절할 수 있을까요? 첫째, '완벽한 확신이 없어도 괜찮다'는 경험 쌓기입니다. 70% 정도 확신이 들면 일단 작게 시도해 보고, 가면서 조정할 수 있다는 것을 연습합니다. 둘째, 자신의 의견을 '부드럽게' 표현하는 연습입니다. "제 생각에는요…" "혹시 이런 방법은 어떨까요?"처럼 조심스러운 언어를 사용하되, 침묵하지 않는 것입니다. 셋째, 작은 변화를 미리 준비하는 시간 갖기입니다. 갑작스러운 변화가 어려우니 변화가 예상되면 미리 생각할 시간을 요청하거나, 작은 단계로 나눠서 적응하는 것입니다. 넷째, '조화를 위해 침묵하는 것'과 '진짜 조화를 만드는 것'을 구분하기입니다. 때로는 솔직한 의견이 장기적으로 더 건강한 관계를 만든다는 것을 경험합니다.

느리고 업무 중심: 체계적이고 신중한 패턴

속도가 느리고 업무 중심인 사람들은 정확성과 체계를 중시합니다. 이들은 제대로 하는 것, 실수하지 않는 것, 논리적이고 체계적으로 진행하는 것을 선호합니다. 충분한 정보, 명확한 기준, 검증된 방법이 있을 때 편안합니다. 급하게 결정하거나, 정보가 부족하거나, 감정적으로 판단하는 것을 불편해합니다. 이들에게 실수나 오류는 큰 스트레스입니다. 이들의 자동적 전제는 '제대로 하려면 충분히 검토해야 한다' '논리적이고 객관적인 것이 옳다' '기준과 원칙이 중요하다'입니다.

이들의 강점은 꼼꼼함, 분석력, 품질 관리 능력입니다. 복잡한 문제를 체계적으로 분석하고, 실수를 미리 발견하고, 높은 수준의 결과물을 만듭니다. 하지만 철저하게 준비하는 이 사람들도 어려움이 있습니다. 시작하기 전에 너무 많이 조사하고 준비하다가 실행 시점이 계속 늦어집니다. 완벽을 추구하다 보니 '80%면 충분한' 상황에서도 100%를 만들려고 시간을 쓰게 됩니다. 감정이나 관계보다 논리를 우선하다 보니 상대가 차갑다고 느낄 수 있습니다.

그렇다면 이들은 어떻게 조절할 수 있을까요? 첫째, '완벽보다 작동'에 우선순위 두기입니다. '가장 완벽한 방법이 아니라, 지금 실제로 작동하는 방법'을 먼저 시도해 보는 것입니다. 둘째, 마감 시간을 의식적으로 짧게 설정하기입니다. 일주일 주어진 일을 3일로 줄여서, 완벽하지 않아도 일단 완성하는 경험을 쌓는 것입니다. 셋째, 상대의 감정을 '비논리적'이 아니라 '또 다른 정보'로 받아들

오늘 마음

이기입니다. '저 사람이 지금 불편해 한다'는 것도 함께 일하거나 지낼 때 중요한 데이터라는 것을 인식하는 것입니다.

패턴을 알면 조절할 수 있습니다

A 간호사, B 간호사, C 간호사가 다르게 반응한 것은 각자의 속도와 우선순위가 만들어낸 자동적 패턴에 따라 세상을 다르게 본 것입니다. 그리고 무엇보다 중요한 것은, 이 패턴은 조절 가능하다는 점입니다.

성격은 출발점입니다. 내가 어디에서 시작하는지를 알면, 어디로 가야 할지 선택할 수 있습니다. '나는 원래 빨라'를 알면, '지금은 천천히 가야겠다'를 선택할 수 있습니다. '나는 원래 업무 중심이야'를 알면, '지금은 관계를 먼저 챙겨야겠다'를 선택할 수 있습니다. 이것이 바로 구성개념적 접근의 힘입니다. 나를 D 타입이라는 상자에 가두지 않고, '나는 빠르고 업무 중심인 경향이 있구나. 그럼 이 상황에서는 어떻게 조절하면 좋을까?'라고 묻는 것입니다.

| 내가 가지고 있는 가정을 전환해보기

선배1은 A 간호사를 볼 때마다 무의식적으로 생각했습니다. 'A는 또 따지네.' B 간호사를 볼 때는 자동으로 생각했습니다. 'B는 늘 긍정적이야.' C 간호사를 볼 때는 자동으로 생각했습니다. 'C는 반응이 없네.' 이것은 선배1만의 반응적 해석은 아닐 것입니다.

우리들도 무의식적으로 이렇게 생각하고 있습니다. 굳이 애써서 생각하지 않으면 이렇게 생각하고 있는 줄도 모르고 넘어갑니다. 사람을 볼 때마다 오랜기간 만들어진 자동화된 해석의 틀로 가정을 만듭니다. 그리고 그 가정에 따라 상대를 해석합니다. 스마트폰의 자동완성 기능처럼, 우리 뇌도 '자주 쓰는 해석' 방식을 자동으로 채워 넣습니다. A 간호사가 질문하면 자동완성으로 '또 따지는 구나', B 간호사가 밝게 대답하면 '역시 긍정적이야', C 간호사가 조용히 있으면 '또 반응이 없네'라고 자동적으로 생각합니다. 자동적 생각과 해석은 편리합니다. 에너지를 아낄 수 있고 심지어 빠릅니다. 하지만 정확할까요? 같은 행동을 보고도, 우리는 완전히 다른 가정을 할 수 있습니다. 나는 주로 어떤 가정을 사용하고 있을까요?

　　　　　　　　　　　　　　　　　　　오늘 마음

[다양한 가정 예시]

- 질문을 많이 하는 사람
  → 따지는 사람이네
  → 꼼꼼한 사람이네
  → 제대로 하고 싶어하네

- 밝게 대답하는 사람
  → 받아들이는게 빠르구나
  → 잘 지내고 싶어 하는구나
  → 진짜 문제를 회피하려고 하나

- 조용한 사람
  → 소극적이네
  → 신중하네
  → 깊이 생각하나보네

- 빠르게 말하는 사람
  → 성격이 급한 사람이구나
  → 적극적인 사람이구나
  → 에너지가 넘치는구나

선배 1이 자신의 가정을 점검해 봤습니다. A 간호사가 "구체적으로 어떤 부분인가요?"라고 물으면, 선배1은 자동으로 '또 따지는구나'라고 생각했습니다. 하지만 다른 가정도 가능합니다. '정확하게 이해하고 싶어하는구나' '제대로 하고 싶어서 확인하는구나' '책임감이 있어서 명확히 하려는구나'라고 가정할 수도 있습니다. B 간호사가 "네! 알겠습니다!"라고 밝게 대답하면, 선배1은 자동으로 '역시 긍정적이야'라고 생각했습니다.

하지만 다른 가정도 가능합니다. '대답했다는 것이 안다는 것은 아닐 수 있다' '참 씩씩하구나' '잘하고 싶어 하는구나'라고 가정할 수도 있습니다. C 간호사가 "네…"라고 조용히 대답하면, 선배1은 자동으로 '반응이 없네'라고 생각했습니다. 하지만 다른 가정도 가능합니다. '신중하게 받아들이고 있구나' '깊이 생각하고 있구나' '조심스럽게 대응하려는구나'라고 가정할 수도 있습니다.

가정을 다양하게 전환해보자, 선배 1의 소통 방식도 바뀌었습니다. A 간호사에게는 이전에 '또 따지네'라고 짜증을 느꼈지만, 가정을 전환한 후에는 '정확하게 이해하고 싶어 하는구나'라고 이해하게 되었습니다. 그래서 이렇게 말할 수 있었습니다. "환자 응대할 때 속도가 너무 빨라서 환자들이 이해를 못 하는 경우가 있어요. 특히 약 복용 설명할 때, 한번 더 확인해 주면 좋겠어요." B 간호사에게는 이전에 '밝게 받아들이니까 됐다'라고 넘어갔지만, 가정을 전환한 후에는 '구체적인 내용을 모를 수도 있겠다'라고 확인하게 되었습니다. 그래서 이렇게 말할 수 있었습니다. "환자 응대할 때

 오늘 마음

속도가 빨라서 환자들이 이해를 못 할 때가 있대요. 혹시 B 선생님은 어떤 상황일 것 같아요? 좋은 아이디어 있으세요?”

C 간호사에게는 이전에 ‘반응이 없으니 이해했겠지’라고 불확실하게 넘어갔지만 가정을 전환한 후에는 ‘신중하게 생각하고 있구나’라고 배려하게 되었습니다. 그래서 이렇게 말할 수 있었습니다. “C 선생님, 시간 괜찮아요? 환자 응대에 대해 잠깐 이야기하고 싶은데. C 선생님은 늘 환자들한테 친절하게 대해주는데, 한 가지만 확인해 주면 더 좋을 것 같아요. 설명 후에 ‘이해가 되셨나요?’라고 한번 더 확인해 주면 어떨까요?”

결국 바뀐 것은 상대가 아니라 상대를 해석하는 나의 기준이었습니다. 가정을 전환하는 순간, 사람을 이해하는 깊이와 배움을 얻습니다.

3부

회복

\-

마음을 추스르다

:

"흔들림 속에서
다시 일어서기"

7장

실수해도 회복할 수 있습니다

왜 나는 노력해도 안 되는 것 같을까?

입사 6개월 차인 E 간호사는 오전 라운딩 중 한 보호자로부터 보호자 점심 식사 취소 요청을 받았다. 처리하겠다고 답했지만, 응급 입원과 연달은 처치로 정신없이 바쁜 오전을 보내며 그 약속은 머릿속에서 밀려났다. 점심시간이 다가와서야 떠올랐고, 급히 영양과에 연락했지만 배식이 끝난 후였다.

보호자가 스테이션으로 찾아왔다. "아침에 취소 부탁드렸는데 식사가 나왔군요. 환자분이 시술 전 금식이라 저 혼자 먹기 미안해서 취소한 건데…" 차분하지만 한숨 섞인 목소리에 실망감이 역력했다. 죄송하다고 사과하고 돌아섰지만 얼굴이 화끈거렸다. 전날은 검사 설명을 놓쳐 피드백을 받았고, 이송 신청을 잘못한 일, 부정확한 내용을 인계했던 일들이 꼬리를 물며 떠오른다.

선배가 "너무 자책하지 마. 바쁠 땐 메모하는 습관을 들이면 좋아"라고 말해주었지만, 내가 일을 잘 못한다는 말처럼 들린다. 잇따른 실수 이후 출근할 때마다 '오늘도 뭔가 놓치면 어쩌지?'라는 불안이 앞서고, 환자들을 볼 때마다 '빠뜨린 게 있지 않을까?' 하는 걱정으로 업무 속도가 느려지고 손에서 자꾸 땀이 난다. 퇴근 후에도 '오

'실수가 성공의 밑거름이다' '실수를 통해 배운다'는 말을 들으면 어떤 생각이 떠오르나요? '맞는 말이긴 한데… 그래도 실수하기 싫다' '실수없이 배울 수는 없을까' '내 이야기는 아니야. 병원에서 실수하면 안 되지'. 무슨 말인지는 알지만 그래도 실수는 안 된다는 생각을 하게 됩니다.

간호사만큼 '실수'라는 단어를 싫어하는 사람들이 또 있을까요? 실수의 결과가 환자에게 미칠 영향을 걱정하며, 실수하지 않기 위해 확인에 이중확인까지 합니다. 작은 실수가 환자와의 라포에도 금이 갈 수 있기 때문에, 정신을 바짝 차리고 메모도 합니다. 그럼에도 우리 모두 실수하는 순간을 만나게 됩니다. 큰 실수를 했을 때, 혹은 작은 실수라도 반복되면 아무리 경력간호사라도 효능감과 평정심을 유지하기 힘듭니다.

실수 후에 새로운 각오로 '오늘은 더 꼼꼼히 확인하고 잘 해봐야지'하고 더 일찍 출근하기도 합니다. "환자의 작은 신호도 놓치지 않고 인계 내용도 빠뜨리지 않을 거야"라고 결심하며 일하던 중에 다시 실수를 발견하고 맙니다. 동료들은 마냥 완벽해 보이고 나만 한없이 작아 보이는 것 같습니다. 불안, 긴장은 물론이고 자책의 수렁으로 빠지기도 합니다.

'분명 확인했는데 왜 놓쳤을까? 내가 정말 이렇게 했다고? 나는 이 정도도 제대로 해내지 못하는 사람인가?' 이런 생각들이 꼬리를 물고 찾아옵니다. 대부분의 사람들은 나 자신이나 다른 사람들이 실수했을 때 자책과 반성이 당연하다고 생각합니다. 반성도 지나치면 문제가 생깁니다.

실수 앞에서 나를 먼저 공격하는 마음

자책의 고리에는 몇 가지 특징이 있습니다. 첫째, 모든 책임을 스스로에게 돌립니다. '모두 나 때문이었다. 내가 바보 같아서 모든 사람을 힘들게 만들었다'라고 책임을 과도하게 개인화합니다. 이것은 책임감이 강하고 자신에 대한 기준이 높은 사람들의 반응입니다. '내가 왜 그랬을까'하는 반복되는 질문은 답을 찾기 위한 것이 아니라, 자신을 벌 주는 도구가 됩니다. 개인이 감정의 늪에서 빠져 나오는데 시간이 걸리는 것 말고도, 다른 어려움이 생길 수 있습니다.

상황에 따라 다른 원인이 있거나 프로세스 개선 등 구조적인 관점이 필요한 경우에도, 그러한 측면으로 바라보지 못하게 됩니다. 우리는 실수를 개인의 부주의로만 생각하기 쉽습니다. "모두 내 탓"이라는 자책에만 머무른다면, 실수의 간접 원인에 해당하는 시스템적 문제는 발견되지 않고, 결국 제대로 된 개선을 막게 됩니다.

자책의 고리 두 번째 특징은, 반추(rumination)입니다. 이미 끝난 일을 수십 번 되새기며 과거에 머무르는 현상을 말합니다. 반추는 문제 해결로 이어지지 않고, 오히려 불안을 증폭시키는 악순환을 만듭니다. 반추 경향이 높은 사람들은 스트레스 상황에서 코르티솔(스트레스 호르몬) 수치가 더 높게, 더 오래 유지됩니다. 뇌는 실제 위협과 상상 속 위협을 구분하지 못하기 때문에 과거의 실수를 반복해서 떠올릴 때마다 몸은 그 순간을 다시 경험하는 것처럼 반응합니다. 심장이 빨라지고, 호흡이 얕아지며, 근육이 긴장하는 거지요. 반추를 계속하면 '일어나지 않은 일'에도 큰 에너지와 감정을 쏟게 되어 소진(번아웃), 실수의 트라우마로 이어질 수 있습니다.

국내 대학병원 간호사 117명을 대상으로 한 연구가 있습니다. 이 연구에서 참가자들은 중간 수준에서 높은 수준의 감정 노동과 번아웃을 경험했고, 23%가 지난 6개월 내에 의료 오류를 경험했다고 보고했습니다. 번아웃과 이직 의도 사이에는 유의미한 정적 상관관계가 확인되었습니다.[21]

 오늘 마음

자책의 고리 세 번째 특징은 미래 전체로 확장하여 생각하게 되는 것입니다. '나는 역시 해도 안되는구나. 이 일은 내게 맞지 않는다'라는 식으로 자기 자신을 부정하는 것이지요. 실수 이후에 지나친 자책과 비난은 나를 몹시 작게 만듭니다. 몸과 마음을 지치게 만들어 성장을 방해하고 더 나아가지 못하게 만드는 거지요.

자책은 너무나 무거워서 그 무게만으로도 성장을 방해합니다. 마치 무거운 배낭을 메고 등산하는 것과 같습니다. 처음에는 '이 무게를 견뎌야 정상에 오를 수 있어'라고 생각하지만, 배낭의 무게는 발걸음을 느리게 만들고, 결국 더 이상 앞으로 나아갈 수 없게 만듭니다.

특히 저연차 간호사들에게 이러한 자책의 패턴은 더욱 강하게 나타납니다. '동기들은 다 잘하는데 나만 못한다' '나는 배우는 속도가 느린 것 같다' '다른 동기들은 벌써 00역할도 맡아 하고 있는데 나만 아직도..'라는 비교는 왜곡된 인식에서 오는 경우가 많습니다. 실제로는 모든 선배들도 같은 과정을 거쳤고, 비슷한 실수를 했으며, 같은 두려움을 느꼈습니다. 다만 그들은 그 시간을 지나왔을 뿐입니다.

자책이 성장을 방해하는 또 다른 이유는 '회피 행동'을 유발하기 때문입니다. 실수가 두려워 새로운 시도를 피하게 되고, 어려운 상황은 다른 사람에게 맡기려 하게 됩니다. 또 질문하는 것조차 "내가 부족한 사람으로 보이는 것 아닐까?"라는 두려움으로 주저하게 됩니다. 결국 배울 기회 자체가 줄어들고, 성장 곡선은 완만해지거나 정체됩니다.

실수에 대해 다른 방식으로 대처한다면 어떤 방식이 있을까요? 실수를 건강한 방식으로 다루는 사람들은 차별화된 방식으로 활용합니다. 그들은 실수를 '나의 무능함'만이 아니라 '시스템의 피드백'으로도 받아들입니다. '이 상황에서 내가 놓친 요소는 무엇일까?' '다음에는 어떤 체크리스트가 필요할까?' '이 경험을 통해 우리 팀이 개선할 수 있는 부분은 무엇일까?'처럼 질문의 방향을 달리합니다.

실수를 다루는 대처 방식도 노력을 통해 변화시킬 수 있습니다. 실수를 인정하되 미래로 연결하지 않고 개선에 초점을 맞추려고 시도하는 것입니다. 건강하게 대처하는 사람들의 질문법을 연습하면 실수를 새로운 각도에서 다룰 수 있습니다.

오늘 마음

'다 내 탓이야'라는 생각에서 빠져나오기

그렇다면 자책의 소용돌이에서 어떻게 빠르게 벗어날 수 있을까요? 10장에 좀 더 자세히 살펴보겠지만, 자책에서 빠져나오기 위해서는 믿음직한 사람의 도움을 받는 방법이 있습니다. 저연차일 경우 혼자서는 자책의 고리를 끊어내기 어려울 수 있습니다. 실수를 다루어 본 경험도 적고 힘든 감정에서 빠져 벗어나는 것부터 쉽지 않습니다. 잘 해내고 싶은 마음과 환자에게 위해가 될 뻔했다는 생각이 곱하기가 되어 감정 폭탄으로 쏟아지기 때문이지요.

이때는 선배 간호사나 동료의 감정적 위로가 필요합니다. 떠오르는 바로 그 사람에게 공감해달라고, 위로해달라고, 들어달라고 부탁하세요. 다른 누군가 당신에게 "내 애기 좀 들어줘" 하고 부탁한다면 어떻게 하시겠어요? 공감과 위로의 마음으로 경청해 주겠지요. 다른 사람도 마찬가지로 그렇게 해줄 겁니다. 그럼에도 주변 사람이 부담스럽다면 코치를 찾아보는 방법도 있습니다.

도움을 청하고 대화를 나누면서 어려운 감정을 솔직하게 표현하고, 자신의 마음을 돌아볼 수 있습니다. 다른 사람들의 경험과 노하우를 배울 수도 있습니다. 감정을 공유하는 것만으로도 마음이 한결 가벼워지고, 실수의 의미를 객관적으로 볼 수 있는 여유가 생깁니다. 그 과정에서 자신만의 방식을 관찰하고 기억해 두는 것도 좋습니다. 자신에게 맞는 성공 방식은 특히 어려운 상황에서 매우 요긴합니다. 작은 것이어도 지속하다 보면 노하우도 점점 다양해지고 적재적소에 맞게 사용하며 스킬업할 수 있습니다.

이제는 고연차의 경우입니다. 경력이 쌓이고 고연차가 되어도 실수할 수 있고 자책의 소용돌이에 빠질 수 있습니다. 고연차가 되어서도 계속 누군가에게 들어달라고 할 수만은 없습니다. 고연차의 고민은 더욱 복잡할 수 있고 단순히 타인의 공감만으로 자책을 떨쳐내기 어려울 수 있습니다.

스스로 벗어나는 방법을 사용할 때입니다. 스스로 해낼 수 있는 방법은 무엇일까요? 실수와 자책의 소용돌이는 자연스러운 현상임을 알아차리고 '의식적인 재해석'이 필요합니다. 심리학에서는 이를 인지적 재평가(cognitive reappraisal)라고 합니다. 예를 들어, '이런 작은 것도 실수하다니, 창피해서 후배들의 얼굴을 어떻게 보지, 나는 선배로서 자격이 없어' 또는 '나만 실수하나'라는 생각은 자연스러운 반응입니다. 바로 이럴 때 '자책의 소용돌이에 빠지려 하는군. 이미 잘하고 있었다는 것을 잊지 말자' 하고 주문을 외우는 겁니다. '자책의 무한 고리에 들어가면 벗어나는데 너무 많은 에너지를 쏟게 되지. 놓친 것과 개선할 점에만 초점을 맞추자' 하고 스스로에게 말할 수 있습니다. 알아차림만으로도 감정폭풍을 피해 이성적인 사고를 할 수 있게 됩니다.

한 걸음 더 나아가 '잘해가던 중에 놓친 부분이 있는 거야. 내가 어떤 부분을 놓친 것일까?' '이 경험을 통해 무엇을 배워야 할까?'라는 자기 인식과 객관적 질문으로 사고를 전환하는 것이 중요합니다.

자책의 고리를 끊어내는 것은 개인 차원의 노력이기도 하지만 환경, 즉 함께하는 사람들이 매우 큰 영향을 줍니다. 내가 나의 실수를 어떻게 바라보는가는 결국 내가 동료의 실수를 어떻게 바라보는가, 회사와 동료들이 나의 실수를 어떻게 바라보는가의 문제로 연결됩니다. 이 부분이 조직문화의 전부는 아니지만 굉장히 중요하고 큰 부분입니다. 우리가 계속 다니고 싶은 일터, 새로운 것을 시도하고 싶은 일터는 노력하는 중에 벌어지는 실수에 과도한 책임을 묻지 않는 곳입니다.

조직문화와 연결되는 팀의 성과와 관련된 흥미로운 연구가 있습니다. 대니얼 코일(Daniel Coyle)의 《최고의 팀은 무엇이 다른가 The Culture Code》에 따르면, 최고의 팀에는 세 가지 공통점이 있습니다. 그중 하나가 바로 취약성(vulnerability)입니다. 실수 혹은 남들이 몰랐으면 하는 것들을 다루는 태도를 의미합니다.

예를 들어, 구성원들은 특히 리더가 자신의 실수를 감추려 할 때 불안을 느낍니다. '이 부분을 도와드리겠다고 얘기해도 될까?' '내가 먼저 말하면 창피하지 않을까?'와 같은 고민이 자연스럽게 떠오르는 것이죠. 하지만 리더가 먼저 자신의 부족함이나 실수를 솔직하게 드러내고 도움을 요청할 때, 팀은 하나로 뭉치고 관계와 성과 모두 긍정적인 방향으로 나아갑니다.

간호 현장에서도 마찬가지입니다. 자신의 실수와 어려운 마음을 솔직하게 동료와 공유하는 것은 단순한 자기 고백이 아니라, 팀 전체에 안전감을 제공하는 중요한 행동입니다. 예를 들어, "제가 이런 실수를 했습니다. 너무 창피해서 어떻게 일해야 할지 막막했어요. 하지만 이번 실수는 제가 ○○프로세스를 확인하는 과정에서 ○○ 부분을 착각한 것이 원인입니다. 보고서에도 작성했듯이 ○○○한 개선이 필요하고, 저도 이 부분에 좀 더 신경 써서 업무를 진행하겠습니다."처럼 구체적인 사실과 개선 방안을 함께 이야기하는 것입니다. 이렇게 하면 단순한 자책이 아니라 학습과 성장으로 연결되고, 자신뿐 아니라 팀에도 안전감과 신뢰를 형성할 수 있습니다.

심리학에서는 이러한 자기개방 행동을 '취약성의 공개' 또는 '취약성의 개방'이라고 합니다. 자신의 부족함이나 실수를 솔직하게 드러낼 때 주변 사람들은 숨김 없이 공유해도 안전하다는 '신호'로 받아들입니다. 이를 통해 심리적 안전감(psychological safety)을

오늘 마음

경험하고, 구성원들은 실패나 실수에 대한 두려움이 줄어들고, 좀 더 자유롭게 의견을 개진하며 도움을 주고받게 됩니다. 팀에서 선배나 리더가 먼저 자신의 취약성을 공개할수록 구성원들은 실수에 대한 두려움을 덜 느끼고, 학습과 성장에 더 집중할 수 있게 됩니다.

심리적 안전감에 대한 우려의 목소리도 있습니다. 잘못을 돌아보지 않고 책임지지 않으려는 사람들에 대한 걱정이지요. 하지만 안전(Safety)과 편안함(Comfort)은 다릅니다.[22] 어떤 의견을 내어도 다 들어줘야 한다거나 무조건 좋은 게 좋은 것, 바로잡지 않아도 되거나 상처받을까 봐 개선하지 않는 것, 무조건 남 탓이나 시스템 탓으로만 돌리는 것이 심리적 안전감은 아닙니다. 심리적 안전감은 책임감과 함께 합니다.

실수에 움츠러들고 자책의 소용돌이에 빠지는 것은 자연스러운 반응입니다. 오히려 자신의 실수나 어려움을 솔직하게 말하는 것은 자연스러움을 거스르는 용기가 필요한 행동이고 일터를 건강하게 이끄는 밑거름이 됩니다. 내가 먼저 용기를 선택하는 행동이 모두가 원하는 좋은 조직문화라는 환경을 만들어 냅니다. 내게도 의미 있는 조직은 나와 동료가 함께 만들어 가는 것입니다.

| 실수의 동반자, 불안이라는 감정

실수와 함께 가장 크게 찾아오는 감정은 불안입니다. 불안은 아직 닥치지 않은 일을 미리 걱정하고 긴장하는 감정입니다. 공포가 현재의 위험에 대한 반응이라면, 불안은 미래의 위협에 대한 반응입니다. 불안은 마음뿐 아니라 신체에서도 드러나 가슴이 두근거리고, 손에 땀이 나고, 머릿속은 온갖 걱정으로 가득 차고 수면장애와 집중력 저하도 뒤따릅니다. 불안은 생각·감정·신체·행동이 함께 얽힌 복합적인 감정입니다.

자책이 책임감 높은 사람들의 특징이듯 불안은 '기준이 높은 사람의 감정'이라 합니다. 불안은 무능력의 증거가 아니라, 더 잘하고 싶은 마음의 또 다른 얼굴인 것입니다. 환자의 작은 변화에도 민감하게 반응하는 것은 높은 기준을 가진 간호사의 모습입니다. 저연차 시절에는 '내가 일을 잘할 수 있을까?'하며 불안합니다. 경력이 쌓이면 '환자의 미묘한 신호를 놓친 것은 아닐까?'라는 구체적인 불안으로 바뀌기도 합니다. 그만큼 간호사들은 잘하고 싶고, 실수하고 싶지 않은 책임감 강한 사람들이 많더군요.

불안은 양날의 검입니다. 불안을 성찰로 전환하면 배움이 되지만, 자책으로 해석하면 마비가 찾아옵니다. 똑같은 불안을 두고 어떤 사람은 '나는 부족하다'라고 생각하며 위축됩니다. 반면 다른 사람은 '내가 더 잘하고 싶어서 불안한 거야. 이 경험에서 배울 점은 무엇일까?'라고 감정을 들여다보고 인정합니다. 전환의 질문을 통해 불안한 감정에 머무르는 것이 아니라 내가 본래 원했던 것으로 한발 더 나아갈 수 있습니다.

고수들의 불안 관리를 벤치마킹하여 도움을 받아볼까요? 중요한 경기를 앞둔 스포츠 선수들도 불안을 경험합니다. 그래서 불안을 다스리는 자신만의 방법을 만들고 실천하는 경우가 많습니다. 일본 출신 야구 선수 오타니 쇼헤이(Shohei Ohtani)는 메이저리그에서 압도적인 기대 속에 서 있지만, "주변의 소음이 나를 흔들지 않도록 내 마음을 중심에 두고 있다"고 언론 인터뷰에서 밝히기도 했습니다. 야구 안팎의 논란과 변동 속에서도 "집중을 잃지 않기 위해 스스로 일상의 루틴을 유지한다"는 평가를 받고 있습니다. 이처럼, 기량이나 체력 못지않게 마음의 준비와 루틴은 경기에 나서는 선수들의 불안 관리에 중요한 역할을 한다는 것이 스포츠 심리학의 연구에서도 확인되고 있습니다.

불안을 다스리는 방법은 완벽함이 아닙니다. 우리가 해볼 수 있는 작은 루틴들을 만들어보는 것입니다. 투약 전 투약카드를 소리 내어 읽는 습관, 인계 시 반드시 세 가지 핵심을 먼저 말하는 습관,

불안을 글로 적어보는 습관. 이런 작은 루틴을 활용하는 것입니다. 이런 루틴은 두 가지 장점이 있습니다. 첫째, 읽고 쓰는 언어적 자극을 통해 자신의 뇌에 '나는 준비되어 있다'는 신호를 보내 줍니다. 둘째, 새로운 것(투약카드 읽는 행위 등)에 집중하게 해주어 불안을 잊는 데에 도움이 됩니다.

불안은 악영향만 주는 감정이 아닙니다. 불안을 없애야 할 것, 피해야 할 것으로 여길 수 있지만, 적당한 불안은 우리를 지켜주는 역할을 하기도 합니다. 불안이 있기에 중요한 일 앞에서 집중력이 높아지고, 미리 준비하려는 마음도 생깁니다. 시험 전날 밤, 갑자기 머리가 맑아지며 공부가 잘됐던 경험이 있지 않으신가요? 마감 기한이 임박하면 질질 미뤄왔던 일을 순간적인 몰입으로 끝내버리는 것도 불안이 주는 힘입니다.

문제는 불안 그 자체가 아니라, 불안이 너무 크거나 너무 오래 지속될 때입니다. 살아가는 동안 불안은 없어지지 않습니다. 없앨 수 있는 감정이 아니라, 늘 함께하며 관리해야 하는 감정입니다. 감정을 관리하여 자신에게 도움 되도록 활용하는 것도 삶에서 경험할 수 있는 즐거움입니다.

| 단단한 사람들의 3가지 특징

함께 일하다 보면 어려운 순간을 만나기도 하고, 나 또는 동료가 힘들어하는 상황들도 생깁니다. 힘들 때, 일이 잘 풀리지 않을 때, 이런 상황에서 어떻게 행동하는지를 보면 그 사람의 성숙도나 성격, 관계의 깊이가 가늠되기도 합니다. 어려운 순간도 잘 지내고 나면 고마운 인연이 늘어날 수 있습니다. 반대로 힘들게 지나면서 섭섭하고 관계가 멀어지기도 합니다. 무엇이 이토록 다른 결과를 만들어낼까요?

바쁘거나 어려운 상황에서도 평정심을 유지하며 하나씩 헤쳐나가는 사람을 만날 수 있습니다. 힘든 순간을 잘 이겨내는 사람들은 회복탄력성이 높은 사람입니다. 회복탄력성이란 역경이나 큰 스트레스에 직면했을 때, 다시 본래 상태로 돌아오거나 오히려 더 성장하는 능력입니다. 수술 환자의 회복 속도를 예측하는 가장 강력한 지표가 바로 회복탄력성이었다는 연구 결과도 있습니다.[23] 환자의 혈압, 혈당 등 신체적 지표보다도 심리적 성향인 회복탄력성이 실제 수술 후 회복에 더 큰 영향을 준 것입니다. 심리적 자원은 회복에 큰 영향을 미칩니다.

역경 앞에서 늘 불안한데, 우리는 회복탄력성이 높은 사람으로 태어나지 않았으니 희망이 없는 걸까요? 많은 심리학·신경과학 연구 결과, 회복탄력성이 단순한 태도가 아니라 훈련 가능한 능력임을 보여줍니다. 회복탄력성은 힘든 일을 없던 일로 만드는 능력이 아니라, 힘든 일을 배움과 성장을 위한 사건으로 전환하는 '마음의 근력'과도 같습니다. 운동을 통해 근력이 강해지듯 어떤 사람이든 회복탄력성이라는 마음의 근력을 키우면, 위기 속에서도 흔들리지 않고 다시 중심을 잡는 삶을 살아갈 수 있습니다.

회복탄력성을 키우기에 앞서 회복탄력성에 대해 조금 더 자세히 알아보겠습니다. 이 능력의 핵심은 세 가지로 요약할 수 있습니다. 자기조절력, 긍정성, 그리고 대인관계력입니다.

먼저, 자기조절력(Self-regulation)은 감정이 요동칠 때 즉각적인 반응 대신 자신의 감정과 행동을 조절하는 능력입니다. 불안이나 좌절 앞에서 자동적으로 자신을 비난하거나 실패를 확대해석하기 쉽습니다. 회복탄력성이 높은 사람은 자신을 비난하는 대신, 그 경험을 재해석합니다. 하나의 실수로 '내 인생 전체가 흔들린다'가 아니라 '이번 경험이 나에게 무엇을 가르쳤나'로 바꾸는 힘입니다.

둘째는 긍정성(Optimism) 입니다. 이는 단순히 '괜찮을 거야'라고 낙관하는 태도가 아니라, 어려움 속에서도 의미를 찾고 가능성

오늘 마음

을 보는 마음의 습관입니다. 긍정성은 현실을 부정하지 않으면서도, 자신이 통제할 수 있는 부분에 집중하게 만듭니다. '왜 나에게 이런 일이 생겼을까?'보다는 '이 상황에서 내가 할 수 있는 일은 무엇일까?'라고 묻는 태도입니다. 이러한 긍정적 사고는 뇌의 문제해결 회로를 활성화시키며, 스트레스 상황에서 더 빠르게 회복하도록 돕습니다.

마지막으로 대인관계력(Relationship skills)입니다. 개인의 회복은 결코 혼자만의 싸움이 아닙니다. 회복탄력성이 높은 사람은 주변과의 관계를 통해 에너지를 얻습니다. 동료, 리더, 조직이 만들어내는 '심리적 안전감'이 있을 때 우리는 실제로 회복하고 성장합니다. 자신이 실수했을 때도 숨기지 않고 말할 수 있는 문화, 리더가 자신의 취약함을 먼저 드러내는 모습이 관계적 회복탄력성의 기반입니다. 관계망 안에서 우리는 실패를 배움으로 바꾸고, 위기를 지나며 중심을 지키는 힘을 키울 수 있습니다.

뒤에 나오는 체크리스트를 활용하여 최근에 겪은 어려운 일을 재해석해 보시기 바랍니다.

▌회복을 위해 미리 준비하기

누구나 이겨내기 힘들어하는 부분이 있습니다. 살아가면서 계속 성장해야 한다는 것은 사실 매우 고통스럽습니다. 안다고 생각했는데 또 실수했을 때 더 속상하기도 합니다.

마음이 무너질 듯할 때 우리에게는 복잡한 이론보다 지금 당장 할 수 있는 한 가지 행동이 필요합니다. 가장 먼저 해볼 수 있는 것은 '회복 리스트'를 미리 준비하는 일입니다. 다음과 같은 시도를 해볼 수 있습니다.

첫째, 회복을 위한 안전장치를 준비하는 것입니다. 신입 간호사를 교육하기 전의 사례를 들어보겠습니다.

- 신입간호사와 만남에서 서로 궁금한 것들도 묻고 대답하며 대화를 나눈 뒤, 마지막에 중요한 질문을 합니다.
"안타깝지만 아무리 노력해도 간호사를 하는 동안에 실수가 발생할 겁니다. 선생님이 실수했을 때, 선생님을 위해 무엇을 하시겠어요?"

- 대답을 잘하지 못한다면 조금 다르게 질문해 봅니다.
"선생님은 힘들 때 무엇을 하면, 어떻게 하면, 기분이 좀 좋아지나요?"

- 그러면 보통 떠듬떠듬 이렇게 답변할 겁니다.

이러한 안전장치는 위급상황에서 생각보다 큰 힘을 발휘합니다. 심각한 감정 상태에 빠지면 회복의 방법을 생각해 내기가 어렵습니다. 심지어 '내가 지금 이런 생각을 해도 되나, 반성해야 하지 않나'라는 자책의 마음으로 가까워지기 쉽습니다.

회복을 돕고자 할 때 선배나 리더들도 다음과 같이 고민할 수 있습니다. '실수한 간호사에게 위로만 해주다가 그 사람이 돌아보지 않고 지나쳐버리는 습관이 들면 어쩌지?' 하는 걱정이나 조바심이지요. 선배나 리더로서 이런 고민을 하는 것은 자연스러운 일이고 충분히 이해합니다. 하지만 위로와 공감을 통한 회복이 먼저이고, 반성과 교정은 다음입니다. 아플 때 혼자라고 느껴지지 않도록 따뜻한 위로를 한다면 자책의 시간을 줄여 실수를 돌아보고 다시 일어설 수 있는 용기가 되고 서로를 더 단단하게 만들어 줍니다.

둘째, 주변 사람들에게 위로받기를 의도적으로 실천할 필요가 있습니다. 우리는 대개 '괜찮다'는 말을 스스로에게 강요하면서 타인의 도움을 청하는 일에는 서툽니다. 심한 마음의 상처는 혼자 있을 때보다 함께할 때 빠르게 아물기도 합니다. 신뢰하는 동료나 친구, 가족에게 "지금 마음이 많이 힘들다"라고 말하는 순간, 마음이 한결 가벼워집니다. 누군가 "나도 그런 경험이 있어요"라고 공감해 주면 단순한 위로를 넘어, 내가 혼자가 아니라는 느낌이 들게 해줍니다.

필요하다면 만남의 형식을 미리 정해 두는 것도 좋습니다. '퇴근 후 20분 산책 전화' '주 1회 하소연 약속' '실수 소식 들리면 무조건 함께 따뜻한 쌀국수 한 그릇' 같은 작은 의식이 큰 지지가 됩니다. 중요한 것은 조언을 잘해주는 사람이 아니라, 나의 마음을 안전하게 붙들어 줄 사람입니다. "네가 그때 최선을 다했음을 알아" "지금은 괜찮지 않아도 괜찮아" "내가 여기 있어. 너의 옆에 있을게" 같은 말이면 충분합니다.

마지막으로, 몸을 움직이는 습관이 회복의 토대를 단단하게 합니다. 운동은 뇌를 활성화하고 긍정적 감정을 높여 스트레스 저항력을 키워줍니다. 여러 연구에서도 꾸준한 신체 활동이 항우울제와 유사한 효과를 보이며 자존감과 대인관계 능력 향상에도 기여합니다. 스트레스로 목과 어깨가 딴딴할 때, 심장이 쿵쾅거릴 정도로 뛰어봐도 좋겠습니다. 힘들어서 아무 생각이 들지 않을 정도로 땀이 나도록 한바탕 뛰어보는 겁니다. 가벼운 산책도 좋지만 자칫 생각이 많아져 자책의 소용돌이에 다시 빠질 수 있으므로 숨이 약간 찰 정도의 가벼운 러닝을 추천합니다. 몸과 호르몬이 자극되면 부정적인 감정도 좀 더 빠르게 전환될 수 있습니다.

우리는 같은 실수를 반복하기도 하지만, 중요한 것은 포기하지 않고 계속 걸어가는 것입니다. 실수를 알아차리고 다르게 시도하는 새로운 길을 걸어봅니다.

앞서 살펴본 자기조절력, 긍정성, 대인관계력. 이 세 가지를 스스로 점검해 볼 수 있는 체크리스트를 준비했습니다. 최근 겪은 어려운 일을 떠올리며 체크해 보세요.

각 문항을 잘 읽고 다음과 같이 자신의 점수를 기록합니다.
(1 전혀 그렇지 않다 / 2 그렇지 않다 / 3 보통이다 / 4 어느 정도 그렇다 / 5 매우 그렇다)

요인	문항	점수
자기조절력 (Self-regulation)	힘든 일이 있어도 내 감정에 이름을 붙이면 조금 가라앉는다.	
	감정이 커질 때, 스스로 진정할 방법을 알고 있다.	
	화가 나도 바로 메시지나 말로 반응하지 않는다.	
	감정이 올라오면 그대로 말하고 행동하게 된다.*	*
	숨 고르기나 간단한 루틴으로 마음을 안정시킬 수 있다.	
	불편하면 즉시 처리해야 직성이 풀린다.*	*
	판단이 서지 않을 때 잠깐 멈추고 확인한다.	
	급한 상황에서도 정해진 절차를 떠올릴 수 있다.	

요인	문항	점수
긍정성 (Optimism)	어려워도 다음 한 걸음을 정하면 희망이 생긴다.	
	실패 경험 속에서도 배울 점을 찾는다.	
	일이 한번 틀어지면 회복하기 어렵다고 느낀다.*	*
	사실과 해석을 구분해 기록하는 습관이 있다.	
	같은 실수가 반복되지 않도록 체크리스트를 만든다.	
	문제의 원인을 주로 사람 탓/성격 탓/환경 탓으로 돌린다.*	*
	장기 목표가 흔들릴 때, 단기 목표로 다시 정렬한다.	
	어려운 상황에서도 내가 통제할 수 있는 부분을 찾는다.	
대인관계력 (Relationship skills)	동료나 환자 등 주변 사람의 감정과 욕구를 확인하는 질문을 한다.	
	필요할 때 도움을 요청하고 지지를 받아들인다.	
	나는 우리 팀에서 내 생각을 말해도 안전하다고 느낀다.	
	도움을 요청하면 약해 보일까 봐 피한다.*	*
	실수했을 때 숨지 않고 동료에게 말할 수 있다.	
	관계가 불편해지면 먼저 대화를 시도하는 편이다.	
	피드백을 들을 때 나에 대한 공격이 아니라 행동에 대한 조언으로 받아들인다.	
	갈등 상황에서도 상대의 입장을 이해하려 노력한다.	

점수 계산

※ 역채점 문항(*)은 (6 - 자기 점수)로 변환하여 계산합니다.

	점수 합계	평균 점수
자기조절력 소계		
긍정성 소계		
대인관계력 소계		
회복탄력성 문항 전체		

각 요인별 소계(각 8문항 평균): 부분 총점/5

전체 총점(전체 24문항 평균): 전체 총점/5

해석 방법

각 요인 및 전체 평균 점수 기준

- **4.2~5.0(매우 높음)**: 강점을 잘 유지하고 계십니다. 고강도 스트레스 상황에서도 활용할 수 있는 회복 전략을 다수 보유하고 있습니다. 이러한 강점을 주변 사람들과도 나누면 더 많은 사람들의 회복탄력성을 높이는 데도 기여할 수 있습니다.

- **3.4~4.19(보통 이상)**: 기본적인 회복 루틴이 잘 정착되어 있습니다. 세 가지 요인 중 상대적으로 낮은 1~2개 요인을 보강

하면 더욱 단단한 회복력을 갖출 수 있습니다.

- **2.6~3.39(보통 이하)**: 회복 과정에서 어려움을 경험하는 순간들이 있을 것입니다. 감정 조절을 위한 짧은 루틴(호흡, 감정 이름 붙이기)과 간단한 기록 습관을 시작해 보세요. 신뢰하는 동료와의 짧은 대화도 큰 도움이 됩니다.
- **1.0~2.59(낮음)**: 현재 회복에 상당한 어려움을 겪고 있을 수 있습니다. 혼자 감당하려 하지 마시고, 멘토나 코치, 또는 전문가의 도움을 받는 것을 적극 권장합니다. 작은 성공 경험을 쌓는 것부터 시작하세요.

요인별 해석

자기조절력이 낮은 경우 (평균 3.0 이하)

감정이 올라올 때 즉각 반응하거나, 마음을 진정시키는 방법을 찾기 어려울 수 있습니다. 3분 호흡법, 감정 이름 붙이기, 30초 멈춤 등 간단한 루틴부터 시작해 보세요. 이러한 작은 습관이 쌓이면 어려운 순간에도 중심을 잡을 수 있는 힘이 됩니다.

긍정성이 낮은 경우 (평균 3.0 이하)

실패나 어려움을 개인의 무능력으로 해석하거나, 회복 가능성을 낮게 보는 경향이 있을 수 있습니다. 실수를 '나 전체/정체성/존재'가 아닌 '나의 특정 행동'으로 분리해서 보는 연습이 필요합니다. 작은 성취를 기록하고, 어려운 경험에서 배운 점 한 가지를 적어보세요.

대인관계력이 낮은 경우 (평균 3.0 이하)

혼자 감당하려는 경향이 강하거나, 도움을 요청하는 것을 '약함'으로 느낄 수 있습니다. 회복은 결코 혼자만의 싸움이 아닙니다. 신뢰하는 누군가에게 "지금 조금 힘들다"고 말하는 것부터 시작해 보세요. 그 작은 용기가 관계의 안전망을 만듭니다.

이 체크리스트는 '오늘/지금의 나'를 한발 물러서서 바라보고, 스스로 한걸음 나아가도록 선택을 돕는 나침반입니다. 회복탄력성은 타고나는 것이 아니라 훈련으로 키울 수 있는 능력입니다. 어려운 일을 겪은 후에 이 체크리스트를 활용하여, 자신의 성장을 확인하고 필요한 부분을 보강해 나가는 가이드가 되길 바랍니다.

8장

상처와 성장은 다릅니다

피드백에 익숙해질 수 있을까?

15년 차에 들어선 J 간호사는 지금 일하고 있는 병동으로 로테이션한 지 2년이 되었다. 일을 빠르게 하지는 못하지만 맡겨지는 일은 책임감 있게 끝낸다고 자부했다. 친화력이 강점이라서 노력만 하면 어딜 가서든 잘 적응할 수 있다고 생각했다. 그런데 한 달 전부터 병동 일반환자보다 좀 더 중증인 환자를 보는 팀에서 트레이닝하게 되었는데, 작은 실수와 질문에 대해서 수간호사님에게 큰 질책을 받았다. 수간호사는 동료와 후배들이 지켜보는 가운데 "J 간호사님, 실망입니다. 공지된 내용과 다르게 하고 있다니, 앞으로 이런 실수는 없어야 합니다!"라고 다짜고짜 말했다.

예상치 못한 상황에 당황한 J 간호사는 아무 말도 할 수 없었다. '아무리 실수했어도 이렇게까지 창피를 당해야 하나'라는 생각에 억울함과 창피함이 동시에 몰려왔다. 그동안 연차가 낮은 동료와 후배들을 챙기며 관계를 위해 쏟았던 시간과 마음이 한순간에 무너져 내렸다. '내가 노력한 것을 알아주기는 할까'라는 허탈함은 곧 '앞으로는 누구에게도 마음 주지 않고 기계적으로 일만 하겠다'는 냉소적인 다짐으로 바뀌었다.

열심히 일하고 지친 날, 실수하거나 피드백까지 받으면 '현타온다'는 말이 떠오릅니다. 업무 개선을 위한 조언임에도, 마음은 크게 흔들립니다. 특히 공개적인 자리에서 부정적인 피드백을 받을 때는 수치심과 분노, 서운함이 동시에 밀려오기 마련입니다. '내가 지금 누굴 위해서 이렇게 열심히 일하고 있는 거지?' '내가 이렇게 열심히 한다고 알아주는 사람이 있나?'하는 공허함에 빠지면 자신의 노력을 자기 자신도 외면해 버리게 됩니다. 더욱 뾰족해진 마음은 섭섭함과 미움으로 가득 찹니다. 나를 위한 피드백임에도 겉돌고 말죠. 대체 왜 그럴까요? 나만 그런 것이 아니라 '좋은 의도를 가지고 노력한 사람'이라면 누구나 그렇습니다.

피드백이 유난히 아프게 느껴지는 이유

뇌 과학 연구에 따르면, 부정적인 피드백을 들을 때 인간의 뇌는 실제 위협을 느낄 때와 유사한 반응을 보입니다. 편도체가 활성화되어 긴장 호르몬이 분비되며, 순간적으로 사고가 멈추거나 방어적으로 반응하게 됩니다. 얼굴이 붉어지고, 목소리가 떨리고, 때로는 아무 말도 할 수 없게 되는 거지요.

하버드대 더글러스 스톤(Douglas Stone)과 쉴라 힌(Sheila Heen)은

오늘 마음

피드백을 연구한 학자들입니다. 이들에 따르면, 피드백을 건강하게 받아들이지 못하게 되는 이유는 우리 내부에서 자극(trigger)이 일어나기 때문입니다. 피드백을 듣는 순간 우리 내부에서 즉각적으로 방아쇠가 당겨지며(trigger), 무의식적으로 거부 반응을 일으키게 만듭니다. 이 자극에는 세 가지 종류가 있는데, 진실 자극(trigger of truth), 관계 자극(trigger of relationship), 그리고 정체성 자극(trigger of identity)입니다.

첫째, 진실 자극은 피드백의 내용이 사실과 다르거나 공정하지 않다고 느낄 때 일어납니다. 누군가의 피드백을 들으며 '그건 사실이 아니야' '상황을 제대로 알지도 못하면서 이야기한다'라는 생각이 드는 순간, 우리는 이미 자동 방어 태세에 들어서게 됩니다. 피드백의 의미를 제대로 살펴보기도 전에 반박하거나 무시하게 되고, 배움의 기회를 놓치게 됩니다.

이럴 때는 피드백 속에서 '사실'과 '해석'을 구분하여 듣도록 애써야 합니다. 모든 사람은 피드백을 공격이나 위협으로 인식하고, 그에 따른 자동적인 반응은 사실과 해석을 구분하지 못하게 됩니다. 누구나 나의 경험을 사실이라고 생각하기 때문입니다.

사실이란 관찰 가능한 사건이며, 시간·장소·행동처럼 누가 보아도 동일하게 기록될 수 있는 것입니다. 반면 해석이란 그 사실에 우리가 덧붙인 의미, 평가, 추정, 예측입니다. 예를 들면, 'A 선생님은 회의에 10분 지각했다'는 사실입니다. 'A 선생님은 중요한 회의에도 늦고 책임감이 없더라'는 해석입니다. 'A 선생님이 작성한 보고서에 오탈자가 세 군데 있었다'는 사실입니다. 'A 선생님은 일을 대충 하더라'는 해석입니다. 같은 사실을 놓고도 각자의 가치관, 관계의 맥락, 정체성에 대한 민감도가 다르기 때문에 해석은 각자의 방식대로 다양해집니다.

둘째, 관계 자극은 피드백의 내용보다 피드백을 주는 사람과의 관계가 크게 작용할 때 발생합니다. 같은 말이라도 누가 하느냐에 따라 받아들이는 무게가 달라지는 경험은 모두에게 일상입니다. 평소 갈등이 있는 상사가 주는 피드백은 내용과 상관없이 반발심부터 일어나기도 합니다. 후배나 동료에게 피드백을 받을 때, '네가 뭘 안다고?'라는 마음이 앞서며 귀를 닫아버리기도 합니다. 관계 자극이 강하게 작동하면 메시지보다 메신저에 집중하게 되고, 결국 피드백의 의미가 왜곡되거나 관계 갈등으로 번지기도 합니다.

관계 자극이 작동되고 있음을 알아차리는 것은 매우 중요합니다. '이 피드백을 내가 좋아하는 선배가 해주었다면 나는 어떻게 받아들였을까?'라는 질문을 스스로에게 던져보는 것이 유용합니다. 변화의 기회를 놓치지 않도록 관계와 메시지를 분리하여 바라보는 연습은 삶을 풍요롭게 만듭니다.

셋째, 정체성 자극은 피드백이 내 자아와 정체성을 흔드는 경우에 발생합니다. 즉 내가 누구인지에 대한 자기 개념이 위협받는 상황입니다. 예를 들어, 스스로 성실한 사람이라고 믿어왔는데, 누군가가 무책임하다고 지적한다면 그 순간 피드백은 단순한 의견이 아니라 내 존재 전체를 부정하는 것처럼 느껴지기 쉽습니다. 혹은 좋은 리더라고 생각했는데, 팀원에게 '소통이 부족하다. 일방적이다'는 말을 들었을 때 정체성에 큰 충격이 가해질 수 있습니다. 정체성 자극이 작동하면 피드백을 사실 그대로 듣지 못하게 만들고, 과도하게 방어적으로 반응하게 됩니다.

정체성 자극이 발생하는 순간에 내게 필요한 태도는 피드백을 '나 전체'가 아닌 '내 행동의 일부'로 해석하는 것입니다. 내가 받은 피드백이 나라는 존재 전체에 대한 피드백이 아니라 나의 일부 행동에 대한 피드백이라고 받아들이는 연습입니다. 즉, 내가 어떤 행동을 수정하거나 보완할 수 있는가에 초점을 맞추는 겁니다.

이런 시도를 통해 정체성 전체가 위협받는 느낌에서 벗어나, 좀 더 객관적으로 피드백을 바라볼 수 있습니다. K-pop 댄서를 떠올려볼까요? K-pop 댄서가 코치나 동료의 피드백 없이 거울도 없는 방에서 혼자 연습한다면 원하는 동작을 잘할 수 있을까요? 그가 코치나 동료의 피드백 또는 거울을 통한 셀프 피드백을 정체성 자극으로 받아들일까요?

누구나 이 세 가지 자극을 늘 겪고 있습니다. 스스로 자신이 민감하게 반응하는 자극을 알아차리고 의식적으로 구분하고 조절하는지가 중요합니다. 피드백을 받았을 때의 해석과 반응을 조절하는 것은 정말 어려운 일입니다. 어떻게 하면 좋은지 답을 알지만, 그렇게 하면 안 된다는 것도 알지만 순간적인 욱하는 감정이 올라오는 것이 정상입니다. 그건 감정이 살아있다는 증거입니다. 바로 이 순간 우리는 배움과 성장을 선택할 수 있습니다.

▌피드백과 나를 분리해서 듣는 법

피드백을 상처로 마음에 품지 않고 학습과 성장으로 전환하는 사람들이 있습니다. 그들의 공통점은 순간의 자극에 휩쓸리지 않고 여백을 만들어 전환하는 힘이 있다는 점입니다. 자극과 반응 사이에 아주 짧은 틈을 내어 자신을 바라보는 이 여백은 단순한 인내심이 아니라 배우고 익힐 수 있는 기술입니다. 우리는 그 여백 위에서 사실과 해석을 가르고, 정체성의 위협을 행동 단위로 번역하며, 작은 실행으로 축적하는 과정을 밟을 수 있습니다. 이러한 흐름

오늘 마음

을 보다 체계적으로 익히기 위해 멈추기, 분리하기, 재해석하기, 성장으로 연결하기의 네 단계를 함께 따라가 봅시다.

먼저, 멈추기(Stop)입니다. 피드백을 받는 순간 자동적으로 방어 스위치가 켜지는 것은 지극히 정상입니다. 몸은 미세한 긴장을 신호로 보내고 생각은 반박과 설명으로 달려갑니다. 이때 필요한 것은 아무것도 하지 않는 정지(freeze)가 아니라, 지금 내 안에서 무슨 일이 일어나는지 알아차리는 정지(awareness)입니다. 숨이 가빠졌는지, 어깨가 굳었는지, 심장이 빨라졌는지, 몸의 감각을 조용히 확인합니다. 몇 차례의 느린 호흡으로 호흡의 리듬을 회복하면 생각의 속도도 자연스럽게 늦춰집니다. 아주 짧은 정지의 순간임에도 스스로에게 "나는 지금 무엇에 반응하고 있는가?"라는 질문을 가능하게 합니다. 그 질문이 생겨나는 순간, 피드백은 나를 덮치는 것이 아니라 내가 다룰 수 있는 무엇이 됩니다. 멈춤은 다음 단계의 출발입니다.

다음은 분리하기(Separate)입니다. 이 단계에서 우리는 스톤과 힌이 말한 진실 자극을 직접 다룹니다. 피드백 속에는 관찰가능한 사실과, 그 사실에 덧붙여진 해석, 그리고 말하는 사람과의 관계가 얽혀 있습니다. 많은 억울함은 이 세 가지가 한 덩어리로 뭉칠 때 생깁니다. 따라서 먼저 무엇이 사실인지 가려냅니다. 시간, 장소, 횟

수, 구체적 행동처럼 촬영하듯 써서 그대로 옮길 수 있는 문장만 남깁니다.

그밖에 성격 판단, 의도 추정, 과잉 일반화된 표현은 해석의 영역으로 옮깁니다. 관계의 감정이 강하게 올라온다면 잠시 메시지(피드백 내용)와 메신저(피드백한 사람)를 떼어 놓고, '동일한 문장을 신뢰하는 누군가가 말했다면 어떻게 들릴지' 상상해 봅시다. 이 과정은 몹시 불편하게 느껴질 수 있습니다. 그럼에도 분리하기는 '사실(fact)을 다시 세우는 수고'입니다. 분리하기 과정을 통해 억울함의 감정을 줄이고, 배움이 가능하게 된다는 것을 떠올려봅시다. 분리의 역량이 커질수록 우리는 "사실(fact)은 이렇고, 내가 받아들인 해석은 이렇다"라고 스스로에게 설명할 수 있게 됩니다. 이렇게 말하는 것만으로도 감정의 파도를 곧바로 낮춥니다.

세 번째는 재해석하기(Reframe)입니다. 같은 사건인데 해석이 달라지면 감정도 달라집니다. 재해석의 핵심은 '같은 사건을 다른 틀(frame)로 바라보기'입니다. 창문 프레임을 바꾸면 같은 풍경도 다르게 보이죠. 작은 창으로 보면 답답하고, 큰 창으로 보면 탁 트여 보입니다. 재해석은 피드백이라는 풍경을 담는 창틀을 바꾸는 작업입니다.

다만 재해석은 '괜찮아, 별일 아니야'라고 스스로 달래는 회피가

오늘 마음

아닙니다. 피드백을 무시하고 '내가 맞아'라고 버티는 방어도 아닙니다. 재해석은 피드백의 무게를 없애는 게 아니라, 정확한 무게로 다시 재는 것입니다. 과장된 해석('나는 형편없다')도, 축소된 해석('상대가 이상한 거야')도 아닌 사실에 가까운 해석을 찾는 과정입니다.

그렇다면 어떻게 틀을 바꿀 수 있을까요? 두 가지 방법이 있습니다. 하나는 범위를 좁히는 것이고, 다른 하나는 맥락을 넓히는 것입니다. 앞서 살펴본 자극 유형과 연결하면, 범위 좁히기는 정체성 자극에, 맥락 넓히기는 관계 자극에 효과적입니다.

첫째, 범위를 좁히는 방법입니다. 피드백이 '나 전체'를 부정하는 것처럼 느껴질 때 사용합니다. 예를 들어, '내가 소통을 못하는 사람이라는 거군'이라고 받아들여졌다면, 이것은 존재 전체에 대한 판정으로 느낀 겁니다. 이때는 행동 단위로 번역합니다. '내가 인계 과정에서 다른 곳을 바라봤다는 거군.'처럼요. 이렇게 좁히면 '나 자체가 문제'에서 '이 행동을 고치면 된다'로 바뀌고, 개선의 아이디어가 손에 잡힙니다.

둘째, 맥락을 넓히는 방법입니다. 피드백을 준 사람과의 관계 때문에 내용이 들어오지 않을 때 사용합니다. 예를 들어, '선배가 나를 무시해서 차갑게 말하는 거야'라고 받아들여졌다면, 메시지보다 메신저에 집중한 겁니다. 이때는 내가 모르는 상황이 있을 가능성을 열어둡니다. '선배가 응급 상황 직후라 여유가 없었을 수도 있어' '오늘 컨디션이 안 좋았을 수도 있고' 이렇게 가능성을 하나둘 떠올리면 상대의 의도를 단정하지 않게 됩니다. 단정하지 않으면 억울함도 줄고, 피드백 내용을 들을 여유가 생깁니다.

재해석은 관점을 설계하는 일입니다. 내가 모르는 다른 시각이 있을 수 있다는 가능성을 열고, 그 가능성이 내 업무나 관계에서 어떤 의미를 가지는지 차분히 따져봅니다. 재해석의 핵심은 나를 지키는 것과 배움 사이의 균형입니다. 스스로 폄하하지 않되, 동시에 나와 타인의 지점을 더 넓은 맥락에서 이해하려는 시도입니다.

재해석이 쉬운 일은 아닙니다. 머릿속에 있는 재료만으로는 한계가 있기 때문입니다. 우리는 익숙한 방식으로 해석하려는 습관이 있어서 애써 관점을 바꿔보려 해도 자꾸 원래 생각으로 돌아옵니다. 마치 같은 재료로 요리하면 비슷한 맛이 나오는 것과 같습니다.

재해석이 진짜 성장으로 이어지려면, 평소에 새로운 관점을 조금씩 쌓아두어야 합니다. 새로운 향신료를 알게 되면 같은 재료로도 다른 요리를 만들 수 있듯이, 새로운 기준이나 사례, 지식을 쌓아두면 같은 상황도 다르게 볼 수 있게 됩니다. 예를 들어, '사람은

오늘 마음

스트레스 상황에서 평소와 다르게 행동할 수 있다'는 것을 알면, 선배의 차가운 말투를 '나를 싫어해서'가 아니라 '지금 여유가 없어서'로 해석할 여지가 생깁니다. 이 책에서 다루는 심리학 개념들을 포함하여 동료와 나누는 경험담, 교육에서 배운 내용들이 모두 재해석의 재료가 됩니다.

이 점은 개인의 성장에서도, 조직의 변화에서도 마찬가지입니다. 겉으로 드러난 행동만 살짝 고치면 얼마 안 가 다시 원래대로 돌아옵니다. 잡초를 뿌리째 뽑지 않고 잎만 잘라내면 다시 자라나는 것과 같습니다. 그래서 그 행동이 왜 나왔는지, 어떤 습관과 기준이 깔려 있는지를 함께 들여다봐야 합니다.

나의 관점을 점검하고 더 정확한 것으로 바꿔나가는 건 쉬운 일이 아닙니다. '원래 하던 대로'가 편하니까요. 하지만 익숙함에 머무르지 않고, 더 나은 근거와 개념을 받아들이는 것. 그것이 재해석을 통해 성장하는 사람들이 가진 용기입니다. 재해석을 제대로 거쳤을 때 우리는 이런 말들을 할 수 있습니다. "내가 알고 있는 줄 알았는데 제대로 아는 것은 아니었구나" "우리가 해오던 방식보다 더 나은 방식이 있었구나" "이런 디테일이 빠져있었구나" "일을 하는 것을 넘어 소통까지 챙길 필요가 있겠구나" "알고봤더니…" 이러한 재해석을 통해 새로운 관점이 열립니다.

재해석은 단순히 "긍정적으로 생각해보자"가 아닙니다. 제대로 된 정보를 배우고, 배운 것들을 재료 삼아 상황의 의미를 다시 짜는 연습을 통해서 가능해집니다. 평소 의사소통에 대해 학습하고 연습하면, 어려운 순간에도 남다르게 말할 수 있습니다. 좋은 정보, 좋은 기준, 좋은 연습이 만나면, 재해석은 말이 아니라 실력이 됩니다.

마지막 단계는 성장으로 연결하기(Grow)입니다. 아무리 좋은 깨달음도 행동으로 옮기지 않으면 그냥 생각에서 끝납니다. 성장으로 연결하는 두 가지 원칙을 정합니다. 하나는 오늘 당장 할 수 있는 작은 행동, 다른 하나는 같은 실수가 반복되지 않도록 막아주는 장치입니다.

예를 들어, 인계 시 경청하지 않는 것처럼 보인다는 피드백을 받았다면, 오늘은 인계받을 때 PC 화면과 상대를 번갈아 바라보며 고개를 끄덕이고, 앞으로 메모 정리는 인계가 끝난 뒤에 하는 것을 나만의 규칙으로 정하는 식입니다. 보고서 피드백을 받았다면, 용어 표기 규칙을 문서 첫머리에 적어두고, 제출 전에 동료에게 검토를 요청하는 항목을 체크리스트에 추가하는 식입니다.

행동으로 옮기는 것에 있어 중요한 두 가지는 꾸준함과 돌아봄입니다. 작심삼일이어도 괜찮습니다. 삼일씩 반복하는 꾸준함이

  오늘 마음

쌓입니다. 다음으로 실행한 뒤에는 잠깐 돌아보는 시간을 갖는 것이 도움됩니다. 뭐가 잘 됐는지, 어디서 막혔는지, 다음엔 무엇을 다르게 할지 한두 문장으로 적어두면 이 짧은 기록이 다음 실행의 출발점이 되고, 쌓일수록 내가 얼마나 달라졌는지 눈에 보입니다.

한 가지 더, 칭찬을 모아두는 습관도 권합니다. 동료가 건넨 "덕분에 수월했어요" 환자가 남긴 "친절하게 설명해 주셔서 감사해요" 같은 말들을 메모장이나 수첩에 따로 적어두는 겁니다. 힘들고 지칠 때 꺼내 읽으면, 내가 잘해온 것들이 떠오르면서 다시 힘이 납니다. 우리는 부족한 점을 고치는 데 집중하기 쉽지만, 잘하고 있다는 확신이 있으면 노력도 오래 갑니다.

멈추기 분리하기 재해석하기 성장으로 연결하기, 이 네 단계는 한 번 거치고 끝나는 것이 아닙니다. 돌고 돌면서 서로를 강화하는 순환입니다. 이 순환이 익숙해지면, 피드백은 더 이상 상처로 남지 않고 성장의 기록이 됩니다.

절대 넘어지지 않는 사람이 되는 게 아니라, 넘어졌을 때 다시 일어설 수 있도록 나만의 방법을 갖추는 것이 중요합니다. 그 방법이 몸에 익을수록, 아프고 두려웠던 피드백도 실력을 키우고 관계를 단단하게 만드는 재료가 됩니다.

피드백을 성장으로 전환하기 위한 질문

1. 피드백 메시지 중 사실(fact)은 무엇인가?

2. 피드백 메시지에 대한 나의 해석은 무엇인가?

3. 피드백을 내가 좋아하는 선배가 나에게 해주었다면 나는 어떻게 받아들였을까?

4. 피드백을 통해 내가 딱 한 가지 행동을 바꾸어본다면 무엇인가?

5. 피드백을 통해 나에게 이득이 되는 것은 무엇인가?

같은 실수를 반복하지 않기 위한
AAR (After Action Review)

피드백 상황이나 임상에서 성찰에 활용할 수 있는 AAR 도구를 소개합니다.

AAR(After Action Review)은 미 육군에서 시작된 사후 검토 방법입니다. 훈련이나 작전이 끝난 뒤, '무슨 일이 있었고, 왜 그랬고, 다음엔 어떻게 할지'를 정리하는 절차입니다. 누가 잘했고 못 했는지 가리는 게 아니라, 오늘의 경험을 내일의 실력으로 바꾸는 게 목적입니다. 지금은 기업, 의료, 교육 등 다양한 분야에서 쓰이는 도구입니다.

AAR의 핵심은 간단합니다. 먼저 무슨 일이 있었는지 사실을 정리합니다. 내 해석이나 감정을 섞지 않고, 카메라에 찍힌 것처럼 있는 그대로 보는 겁니다. 사실부터 정리하면 '내가 잘 못 했다'하는 자책이나 '상대방이 잘 못했다'와 같은 방어 없이 상황을 바라볼 수 있습니다. 다음으로 왜 그랬는지 원인을 짚습니다.

이때 '집중을 못 해서' '성격이 급해서'처럼 모호하게 말하면 수정할 부분이 안 보입니다. 대신 '체크리스트를 안 봤다' '확인 질문을 안 했다'처럼 구체적인 행동으로 짚으면, 다음에 뭘 다르게 할지가 드러납니다. 마지막으로 다음엔 어떻게 할지 한 줄을 정합니다. 이 한 줄이 있어야 배움이 실제 변화로 이어집니다. 이 과정에서 감정도 함께 다룹니다. 다만 사실과 섞지 않고, 따로 한 줄 남겨 둡니다. '그때 당황했다' '속상했다'처럼요. 감정을 없애는 게 아니라, 사실과 나란히 두고 보는 겁니다.

혼자 하는 10분 AAR은 그날 안에, 조용한 곳에서 메모 한 장이면 충분합니다. 다음 네 가지 질문으로 진행합니다.

- 첫째, 원래 무엇을 하려고 했는가?
  오늘의 의도나 목표를 한두 줄로 씁니다.

- 둘째, 실제로 무엇이 일어났는가?
  시간, 장소, 행동, 횟수처럼 누가 봐도 같게 적을 수 있는 사실만 씁니다. 감정은 아래에 따로 간단히 적습니다.

- 셋째, 왜 그런 차이가 났는가?
  '예전과 비슷할 거야'라는 가정, 재확인 누락, 자료 확인 부족 등 원인을 구체적인 행동으로 적습니다.

  오늘 마음

• 넷째, 다음에는 무엇을 유지·개선·중단할 것인가?

잘한 한 가지는 지속, 다르게 할 한 가지는 개선, 재발의 씨앗이 되는 습관 한 가지는 중단으로 정리합니다. 마지막 줄에는 내일 바로 실행할 문장을 남깁니다. 예를 들면, "근무 시작 전 10분, 변경표를 출력해 바인더 첫 장에 끼운다." "인계받을 때 고개를 끄덕이고, 메모의 정리는 인계가 끝난 뒤에 한다." "제출 24시간 전 동료 검토를 요청한다"처럼 구체적으로 씁니다.

AAR은 업무뿐 아니라 일상에서도 쓸 수 있습니다. 가족과 대화가 어긋났을 때, '내가 피곤한 상태에서 대화를 시작했다'라는 사실을 기록하고, '다음엔 컨디션이 좋을 때 중요한 대화를 꺼낸다'로 정리할 수 있습니다. 운동 습관이 작심삼일로 끝났을 때도, '달리기를 하려 했지만 추워서 3일 만에 중단했다'라는 사실을 적고, '겨울 동안만 헬스장 운동으로 바꿔 본다'는 실행 문장을 남길 수 있습니다. 이렇게 일상의 작은 일에도 적용하면, AAR이 손에 익어서 정말 중요한 순간에 신속하고 자연스럽게 사용할 수 있습니다.

AAR 질문과 활용

질문	작성법	예시
1. 원래 무엇을 하려 했는가?	오늘의 의도·목표를 한두 문장으로 씁니다.	중증 환자 팀 트레이닝에서 업무를 정확하게 수행하려 했다.
2. 실제로 무엇이 일어났는가?	시간·장소·행동·횟수 등 사실만 적습니다. 감정은 분리합니다.	부서 공지된 ○○○ 프로세스와 다르게 업무를 진행했고, 스테이션에서 수간호사님께 피드백을 받았다. (감정: 창피함, 섭섭함)
3. 왜 차이가 났는가?	행동·과정 언어로 원인을 한두 줄로 씁니다(가정, 재확인 누락, 자료 검증 부족 등).	이전 병동과 비슷할 거라는 가정 + 변경 사항을 먼저 확인하지 않았다.
4. 다음에 무엇을 지속·개선·중단할 것인가?	각 1개씩 구체적으로 적습니다.	지속: 책임감 있게 끝내려는 태도 개선: 새 프로세스 공지 재확인 중단: '예전 방식대로' 가정하기
5. 내일 바로 실천할 한 가지는?	일정·도구까지 포함한 실행 문장 1줄로 씁니다.	근무 시작 10분 전에 변경표를 출력해 바인더 첫 장에 끼운다.

AAR사례

나는 오늘 중증 환자팀 트레이닝 중 수간호사님께 공개적으로 강한 질책을 받았다. 그 자리에서는 당황하여 말을 잇지 못했고, 퇴근길 내내 창피함과 섭섭함, 화가 번갈아 올라왔다. 집에 돌아와 10분을 정해 조용히 앉아, 오늘의 일을 AAR로 정리해 본다.

질문 1. 원래 무엇을 하려 했는가?

나는 중증 환자팀의 프로토콜을 빠르게 익혀 독립적으로 업무를 수행하려 했다. 특히 오늘은 오전 순회 전까지 ○○○ 항목 점검을 끝내고, 신규 적용 지침을 숙지한 뒤 질문을 미리 정리해 두려 했다.

질문 2. 실제로 무엇이 일어났는가?

액팅 직전까지 다른 환자 결과를 정리하느라 ○○○ 항목 점검 시트를 충분히 확인하지 못했고, 공지된 최근 변경 사항을 놓친 채 기존 방식대로 진행했다. 그 결과 수간호사님께서 다른 동료들이 있는 자리에서 피드백했다.

질문 3. 왜 차이가 났는가?

가장 큰 원인은 일정과 준비의 우선순위 설정에 있었다. 나는 신규 지침의 '변경 부분'을 먼저 확인했어야 하지만, 익숙한 순서대로 전체를 훑다가 핵심 변경 사항을 놓쳤다. 또한 중증 팀이 사용하는 ○○○ 항목 점검 시트가 기존 병동 시트와 유사하다는 선입견이 있어 "거의 같을 것"이라고 가정했다. 액팅 직전까지 문의할 동료를 미리 정하지 않아 확인 창구가 없었던 점도 작용했다. 무엇보다 공개적 지적이 주는 수치심 때문에 그 자리에서 "지금 확인하겠습니다"라는 한 문장을 꺼내는 데 실패했다.

질문 4. 다음에 무엇을 지속·개선·중단할 것인가?

지속할 점은 기록의 성실함과 동료에게 묻는 태도다. 오늘도 나는 환자 기록 자체는 성실히 남겼고, 모르는 부분은 묻고자 하는 의도도 분명했다. 다만 방법이 늦었다. 개선할 점은 세 가지이다. 첫째, 중증 팀 관련 업무 전에는 '변경 사항 먼저'를 원칙으로 하여 공지 문서의 최신 변경표를 1분 안에 확인한다. 둘째, ○○○ 항목 점검 시트의 필수 체크 박스를 액팅 30분 전에 미리 표시하고, 채우지 못한 칸만 동료에게 확인한다. 셋째, 공개 자리에서 피드백을 들을 때는 "지금 변경표를 확인하고 바로 수정하겠습니다"라는 한 문장을 먼저 말해 즉시 사실 확인 단계로 넘어간다. 중단할 것은 "예전과 비슷할 것"이라는 추정하는 습관이다. 비슷해 보여도 중증 팀의 문서는 변경 가능성이 높으니 반드시 최신판을 확인한다.

질문 5. 내일 바로 실천할 한 가지는?
내일 아침 근무 시작 전 10분 동안 ○○○ 항목 점검 시트의 최신판과 변경표를 출력하여 바인더 첫 장에 끼워 넣는다. 다음 주까지는 팀 공용 템플릿에 "액팅 30분 전 변경표 확인" 체크란을 추가해 누락을 줄인다.

퇴근 후 10분을 정해 오늘의 AAR을 합니다. 길게 작성하기 어렵다면 짧게 작성해도 괜찮습니다. 중요한 것은 계속 시도하는 것입니다.

 오늘 마음

9장

관계 갈등, 배우면 달라질 수 있습니다

'갈등(葛藤)'이라는 단어의 뜻을 들어보셨죠? 칡(葛)과 등나무(藤), 두 넝쿨이 서로 얽혀 있는 모습에서 왔습니다. 넝쿨이 얽히려면 가까이 있어야 합니다. 멀리 떨어진 나무는 얽힐 수 없지요. 갈등이 생겼다는 것은 그만큼 관계가 연결되어 있다는 뜻이기도 합니다. 얽힌 넝쿨을 어떻게 풀어가느냐가 관계의 방향을 결정합니다. 잘 풀면 서로를 더 깊이 이해하는 계기가 되고, 방치하면 점점 더 단단하게 엉켜버립니다.

사람들과 함께할 때 갈등과 마찰은 피할 수 없습니다. 매일 같은 공간에서 인계를 주고받고, 회의에서 눈을 마주치고, 식사 자리에 함께 앉습니다. 서로의 업무가 맞물려 돌아가고, 한 사람의 판단이 다른 사람의 하루에 영향을 줍니다. 이렇게 촘촘히 연결된 관계에서 의견이 다르고, 기대가 어긋나고, 감정이 부딪히는 것은 자연스러운 일입니다. 이는 일상에서도 마찬가지이고 가족 간에도 피할 수 없습니다.

관계 갈등이 유독 어려운 이유가 있습니다. 실수나 피드백은 사건이 지나가면 정리할 수 있지만 관계는 내일도 계속됩니다. '내가 잘못한 건가?' '상대가 나를 어떻게 생각할까?' '이 관계는 회복될 수 있을까?' 같은 질문에 답을 찾기 어렵지요. 문제를 해결하려는 에너지보다, 관계가 어떻게 될지 모른다는 '불확실성'을 감당하는 데 더 많은 에너지가 소모되기도 합니다.

다행히 관계 갈등에도 패턴이 있습니다. 패턴을 알면 나를 이해할 수 있고, 상대도 조금 더 이해할 수 있습니다. 얽힌 넝쿨을 풀어가는 방법을 배울 수 있다는 뜻입니다.

　　　　　　　　　　　　　　　　　　　　오늘 마음

갈등 스타일에 따른 관계 연습

관계 갈등 유형 1: '거절' 못하는 사람

관계 갈등 사례 1

4년 차인 R 간호사는 동료들 눈치 보는 것이 불편하고 싫어서 웬만해선 리퀘스트를 하지 않는 편이다. 이번 달에는 오랜만에 친구들과의 약속으로 토요일 오프를 하나 미리 신청했다. 퇴근길에 10년 차인 Y 선배가 다가와 하필 그날 근무해 줄 수 있느냐고 질문한다. "R 간호사님. 내가 가족 행사가 있는데 근무 신청 기간을 놓쳤어요. 혹시 그날 오프를 근무로 조정할 수 있나요?" R 간호사는 "아 어쩌죠? 너무 죄송해요. 그날 제가 친구들과 약속해서요."하고 말했지만, 미안하고 괴롭다. Y 선배는 돌아서며 "R 간호사는 다른 사람 부탁은 잘 들어주던데. 이번에는 안 되나 보군요? 알겠어요"라고 말한다.

 집에 와서도 'Y 선배가 언짢은 것은 아닌지' 걱정하고 있다. 'Y 선배 얼굴 보기도 불편하고 그냥 자신이 양보하는 편이 나을 것 같다'라는 생각마저 든다. 앞으로 일하면서 만날 때 너무 불편할 것 같아서 퇴근 후 몇 시간째 고민 중이다.

관계 갈등은 관계의 단절이 아닙니다

R 간호사의 마음을 들여다봅시다. '거절하면 관계가 틀어지지 않을까?' 이 걱정이 앞서 상대의 표정과 말투를 살피느라 정작 자신이 원하는 것은 뒤로 밀립니다.

내향·관계 중심 성향의 사람은 관계의 온기와 예측 가능성을 중요하게 여깁니다. 서로 믿을 수 있어야 오래 함께할 수 있다고 믿으며, 누군가 부탁하면 먼저 상대의 마음을 살핍니다. 이 친절함이 평소에는 신뢰를 쌓는 힘이 되지만 경계가 필요한 순간에는 문제가 됩니다. 거절해야 할 때 미루고, 양보가 쌓이며 서운함도 함께 쌓이는 거죠. 처음에는 '좋은 사람'이고 싶어서 시작했는데, 어느 순간 '착한 사람 콤플렉스'로 굳어지면 "원래 저런 사람이야, 부탁하면 다 들어줘"라는 말을 듣게 됩니다.

이 성향에게 '거절은 관계를 깨뜨린다'는 두려움이 있습니다. 하지만 일터에서는 조금 다르다는 것을 알아야 합니다. 합리적인 거절과 분명한 요청은 관계를 해치기보다 예측 가능성을 높여줍니다. 명확한 의사를 밝히지 않는 것에 비해 분명한 의사 표현을 할 때 사람들은 안전감을 느낍니다. "저 사람은 솔직하게 말해주니까 편해"가 되는 겁니다. '착한 사람'과 '좋은 동료'는 같은 말이 아닙니다.

거절 못하는 상황이 반복되면 갈등은 조용히 시작됩니다. 겉으로는 "괜찮습니다"라고 말하지만, 속으로는 서운함이 커져 말수가 줄고, 행동이 느려지지요. 이들은 공개적인 지적, 읽고 답 없는 메시지, 무심한 표정에 특히 민감합니다. R 간호사가 퇴근 후 몇 시간째 고민하는 이유입니다. 거절 한 번 했을 뿐인데, 관계 전체가 흔들리는 것처럼 느껴지는 겁니다.

'거절은 이기적이다'라는 믿음이 강하면 행동이 더 어려워지는데 이럴 때 도움이 되는 것은 자기주장 기술입니다. 자기주장은 공격이 아닙니다. 상대의 권리도 존중하면서도 나의 생각과 욕구를 분명하게 표현하는 기술입니다. R 간호사가 이렇게 말했다면 어땠을까요?

"Y 선배님, 그날 오래전부터 잡힌 약속이 있어서 이번에는 어렵네요. 다음에 제가 도울 수 있는 날 말씀해 주시면 맞춰볼게요."

거절이 관계의 종결이 아니라 조건의 조정이 됩니다. 목표는 '착함'을 버리는 게 아니라 '경계 없는 친절'을 '경계가 있는 친절'로 바꾸는 겁니다. 나를 지키는 거절이 결국 관계를 지키는 방법입니다.

자신의 패턴을 알아차리고 조금씩 조절하는 연습이 중요합니다. 이 유형은 갈등 초기에 감정을 참고 넘기려는 경향이 강하므로, 긴장이 이어져 뒤늦게 감정이 한꺼번에 올라오는 것을 방지할 수 있도록 예측 가능한 환경을 미리 만들어두면 도움이 됩니다. 공개적 피드백보다 예고된 1:1 피드백을 요청하고, 변경 사항은 미리 공유

해달라고 부탁하고, 회의에서는 다룰 내용과 발언 순서를 먼저 합
의하는 방식을 사용하면 좋습니다.

유독 관계 갈등이 어려운 이유

관계 갈등이 생기면 이들은 무엇보다 관계를 지키는 데 집중합니
다. 즉각적인 대립을 피하려 합니다. 일단 "괜찮다"고 넘기거나, "제
가 더 신경 쓸게요"라고 자신에게 책임을 더합니다. 대화는 짧아지
고, 메시지 회신은 늦어지고, 우회적으로 불편함의 힌트만 주기도 합
니다.

직접 표현을 미루는 동안 속에서는 반추가 길어집니다. '그때 내
가 왜 그렇게 말했을까?' '다음에는 어떻게 말해야 할까?' 같은 자
기 검토가 밤 늦게까지 이어지고 다음 날에도 상대의 표정과 톤을
살피며 관계의 온도를 확인합니다.

갈등이 장기화되면 참았던 감정이 어느 순간 한꺼번에 올라오
고 사람들과 편하게 지내기가 어려워집니다. 하지만 이것은 관계
를 끊으려는 게 아니라 오래 쌓인 부담을 잠시 내려놓는 방어일 때
가 많습니다.

이 사람들은 관계 갈등을 단순한 의견 차이가 아니라 관계의 단
절 가능성으로 받아들입니다. 작은 무응답이나 표정 변화에도 '혹

오늘 마음

시 내가 실수했나?' '상대가 나한테 실망했을까?'와 같은 질문이 자동으로 떠오릅니다.

'좋은 관계를 유지하려면 내가 조금 더 감당해야 한다'라는 내적 규칙도 있어서 한동안 감정을 혼자 참고 견딥니다. 하지만 시간이 지날수록 오해는 커지고, 스스로 소모되는 속도도 빨라집니다.

결국 이들이 가장 힘들어하는 두 가지는 '관계가 끊길지 모른다는 불확실성'과 '그 불확실성을 줄이기 위해 내가 더 감당해야 한다는 부담'입니다. 이 마음을 정확히 이해하면, 표현을 미루는 습관을 줄이고 오해를 줄여 더 건강한 관계를 만들 수 있습니다.

R 간호사를 위한 맞춤 제안

퇴근길에 갑자기 요청받으면 생각할 시간이 없으니 "지금 바로 대답하기 어려워요, 내일 아침에 말씀드려도 될까요?"라고 시간을 버는 것도 방법입니다. 미리 중요한 약속이 있는 날은 "이번 토요일 오프는 오래전부터 잡힌 약속이에요"라고 가볍게 언급하면, 상대도 한 번 더 생각하게 됩니다.

거절한 뒤에도 관계가 걱정된다면, 다음 날 먼저 짧게 말을 건네 보세요. "어제 도움 못 드려서 죄송해요, 다음번에 기회가 되면 도움 드릴게요." 이 한마디가 며칠간의 혼자 고민보다 효과적입니다.

관계 확인이 빨라지면 머릿속 걱정도 빨리 내려놓을 수 있습니다.
그렇게 한두 번 시도하면 '내 마음을 표현해도 괜찮구나'라는 경험
이 쌓입니다. 표현하지 않고 참기만 하거나 혼자 추측하지 않아야
관계가 편해집니다.

관계 갈등 유형 2: '완벽'을 요구하는 사람

관계 갈등 사례 2

T 간호사는 9년 차가 되기까지 정말 많은 일을 겪었다. 동료들이 줄줄이 사직하는 동안에도 병동을 지켰고 프리셉터를 여섯 번이나 했다. 잘못된 것을 찾아내는데 재능이 정말 탁월해서 인증이나 약물 보관 평가 때면 잘못된 것을 미리미리 발견하여 칭찬을 받은 적도 여러 차례 있었다. 시작하면 제대로 해낸다는 평을 듣는 경우가 많으며 병원 내 우수 개선 활동 수상도 여러 차례 했다.

T 간호사는 올해 손 위생 모니터링 팀을 맡았다. T 간호사의 팀에서 함께 하겠다는 사람이 하나도 없어 독립 직후의 저연차 직원 2명과 팀을 꾸렸다. 매달 부서원을 대상으로 손 위생 모니터링을 10건씩 제출하기로 했는데, 팀원 중 한 명은 두 달 연속 제출을 하지 않았고 다른 한 명도 입력 결과가 엉망이었다. 화가 난 목소리로 "책임감이 없다. 모르면 질문해라. 일을 할 거면 제대로 해라."고 꾸중했다.

다음 날 팀원들이 수간호사에게 울면서 찾아간 모양이다. T 간호사는 그것도 걱정이지만, 팀원들이 활동하지 않아 계획대로 업무가 진행되지 않아 심란하다.

T 간호사의 마음을 들여다봅시다. '한 번 할 때 제대로 해야지. 실수하면 안 되지.' 이런 신념이 강하게 자리 잡아 스스로에게도, 함께 일하는 동료에게도 기준이 높습니다. 작은 실수 하나도 마음에 오래 남습니다. 실수하지 않는다는 것은 이 사람에게 단순한 업무 능력이 아니라 '믿을 만한 사람'이라는 정체성과 연결되어 있습니다. 문제는 혼자 일할 때가 아니라 다른 사람과 함께 일할 때 생깁니다.

처음에는 '일 잘하는 사람' 시간이 지나면 '함께 일하기 버거운 사람'

완벽을 추구하는 사람은 처음에 좋은 평가를 받습니다. 중요한 일을 맡기면 꼼꼼하게 챙기고, 마감도 어기지 않고, 결과물 퀄리티도 높지요. 그런데 시간이 지나면 분위기가 달라집니다. 동료 입장에서는 '늘 뭔가 꼬투리 잡는 사람'으로 느껴지기 시작합니다. 작은 실수도 놓치지 않고 바로잡으려 하고, 만족할 때까지 수정 요청을 반복하고, 원칙을 자주 언급합니다. 본인은 '일을 제대로 하기 위한 최소한의 확인'이라고 느끼지만, 상대는 '나를 신뢰하지 않는다' '언제나 불만이 있다'라는 메시지로 받아들입니다.

T 간호사처럼 타인에게도 높은 기준을 적용하는 경우를 심리학에서는 타인지향 완벽주의라고 부릅니다. 스스로에게 엄격한 것은 자기지향 완벽주의, 주변이 나에게 완벽을 요구한다고 느끼는 것은 사회부과적 완벽주의라고 합니다. 연구에 따르면, 특히 타인지향 완벽주의가 높을수록 대인관계 갈등이 증가합니다.

왜 저 사람은 저렇게 대충할까?

완벽함을 추구하는 사람에게 관계 갈등은 단순한 의견 차이가 아닙니다. '기준을 지키려는 나'와 '그 기준을 따라주지 않는 상대' 사이의 긴장으로 느낍니다. 그래서 갈등 상황에서 가장 먼저 떠오

   오늘 마음

르는 질문은 '내가 너무 예민한 걸까?'보다 '왜 저 사람은 저렇게 대충할까?'일 때가 많습니다.

행동 패턴도 일정하여 처음에는 구체적인 피드백과 수정 요청으로 시작하지만 결국 문서의 표현, 서식, 숫자의 자릿수까지 세밀하게 지적합니다. 시간이 지나면 동료는 "그분이 어차피 다 체크하실 거예요"라며 책임을 넘기거나, 아예 함께 일하는 것을 피하려 합니다.

이런 일이 지속되면 어느 시점부터 완벽주의자 본인의 말수가 줄어듭니다. '말해 봤자 안 바뀌더라'라는 체념이 쌓이면, 중요한 일은 차라리 혼자 처리합니다. 특정 동료를 자연스럽게 배제하거나, 별다른 설명 없이 혼자 고치고 결과만 공유합니다. 겉으로는 큰 갈등 없이 돌아가는 것처럼 보이지만, 이미 '서로를 신뢰하지 않는 체계'가 굳어지지요.

내면의 갈등도 깊어져 '사람에게 이렇게까지 말하는 건 아닌데..'라는 죄책감과 '이 정도도 안 지키면서 왜 변명만 할까?'라는 분노가 번갈아 올라옵니다. 동료가 위축되거나 울음을 참는 모습을 보면 마음이 흔들리지만, 기준을 낮출 때 느끼는 불안이 더 큽니다. 이 두 감정 사이에서 줄다리기하다 보면, 어느 날 갑자기 '이제 더 이상 말하지 않겠습니다'라며 관계를 끊어버리기도 합니다.

상대에게는 갑작스러운 단절처럼 느껴지지만, 실제로는 혼자서 수 없이 참아온 시간이 누적된 결과입니다.

기준을 조절하는 방법

갈등이 커지는 지점은 대개 '기준을 함께 나누고 합의하는 과정' 없이, 자기 내면의 규칙을 암묵적으로 상대에게 요구할 때입니다. 완벽주의자는 '이 정도는 누구나 지켜야 하는 상식'이라고 느끼지만, 상대는 '왜 저 사람 기준에만 맞춰야 하지?'라고 느끼며 결국 '기준'의 차이가 아니라 '서로에 대한 평가'만 남게 됩니다.

도움이 되는 것은, 기준을 '요구'가 아니라 '공유와 협의'의 언어로 바꾸는 겁니다. T간호사가 이렇게 말했다면 어땠을까요? "손 위생 모니터링을 매달 10건씩 제출하기로 했는데, 진행이 어려우신 것 같아요. 혹시 제출 방식이나 일정에서 조정이 필요한 부분이 있나요?" 무엇이 필수 기준이고, 무엇은 조정 가능한지 함께 나누면 상대는 압박보다 "함께 기준을 만들어간다"라는 느낌을 받습니다.

또 하나 중요한 것은 '모든 오류는 내 책임'이라는 사고를 조금 내려놓는 겁니다. 완벽주의 성향이 강한 분들은 '내가 한 번만 더 확인했으면 막을 수 있었던 실수'를 오래 곱씹게 되고 이럴수록 사람을 향한 여유가 줄어듭니다. 완벽함의 목표를 '흠 없는 결과'에서 '함께 성장 가능한 기준 세우기'로 전환하면, 실수는 비난의 근거가 아니라 학습의 출발점이 됩니다.

목표는 완벽함을 버리는 게 아닙니다. 결과도 지키고 사람도 지키는 방향으로 바꾸는 겁니다.

작은 조절부터 시작하기

이 패턴을 완전히 바꾸기는 쉽지 않지만, 조금씩 조절하는 연습은 가능합니다.

첫째, 기준을 구분해서 말하기입니다. "이 부분은 반드시 지켜야 하는 기준이에요." "이 부분은 서로 스타일이 달라도 괜찮아요." 처럼 필수 기준과 선택 기준을 구분해 말해두면, 상대도 덜 방어적으로 반응합니다.

둘째, 피드백의 방향 바꾸기입니다. "여기가 틀렸습니다."보다 "여기를 이렇게 수정하면 더 안정적으로 보일 것 같아요."처럼 제안형 표현을 씁니다. 평가보다 '함께 개선하는 시도'라는 느낌을 주는 문장을 연습해 보세요.

셋째, 관계 확인의 타이밍 앞당기기입니다. 감정이 많이 쌓인 뒤가 아니라, 살짝 불편함이 느껴질 때 짧은 1:1 대화로 오해를 풀어 갑니다. "제가 기준 이야기를 자주 해서 부담스러울까 걱정되요.

조정이 필요한 부분이 있으면 말씀해 주세요."처럼, 자신의 걱정을 먼저 나누면 긴장이 완화됩니다.

완벽함의 추구가 관계 갈등으로 이어질지, 팀의 신뢰를 높이는 힘이 될지는 '기준을 어떻게 나누고, 실수를 어떻게 다루느냐'에 달려 있습니다. 이 사람들은 함께하는 사람들에게 완벽과 노력의 롤모델을 보여줍니다. 그 힘이 사람과 함께 갈 때 진짜 신뢰가 됩니다.

T 간호사를 위한 맞춤 제안

팀원이 두 달 연속 제출을 안 하면 답답합니다. '이 정도는 기본 아닌가?'라는 생각이 먼저 들지만 바로 꾸중하면 상대는 방어부터 합니다. 먼저 상황을 확인하는 질문을 던져보세요. "제출 기한이 두 번 지났는데 혹시 업무량 때문인지 방법을 모르는 건지 궁금해요."와 같은 방법으로 원인을 먼저 파악하면, 꾸중이 아니라 문제해결로 방향이 바뀝니다.

피드백할 때는 '사람'과 '행동'을 분리해 보세요.

- "책임감이 없다"→ 사람에 대한 평가
- "제출 기한이 두 번 지났어요"→ 행동에 대한 사실

사실을 먼저 말하고, "다음 달에는 어떻게 하면 맞출 수 있을까

요?"라고 물으면 상대도 덜 위축됩니다.

저연차 팀원이라면 "모르면 질문해라"보다 "어디까지 해봤어요? 막히는 부분이 어디죠?"가 더 효과적입니다. 질문하기 어려워서 못 하는 경우도 많거든요. 처음 한두 번은 함께 입력하면서 보여주는 게 빠를 수 있습니다. 시간이 더 들지만, 나중에 혼자 수습하는 것보다 낫습니다.

팀원이 울면서 수간호사를 찾아갔다면, 관계에 금이 간 신호입니다. 며칠 안에 1:1로 짧게 말을 건네보세요. "지난번에 내가 말을 세게 한 것 같아서요. 기준을 맞추고 싶은 마음이 앞섰는데, 부담스러웠다면 미안해요." 이 한마디가 관계 회복의 시작이 됩니다. 사과가 기준을 낮추는 게 아니라 방식을 조정하는 겁니다.

그리고 한 가지 더. '내가 다 체크하면 되지'라는 생각이 들 때가 바로 위험 신호입니다. 혼자 다 하면 당장은 편하지만, 팀원은 배우지 못하고 T 간호사만 지칩니다. 불완전해도 팀원이 직접 해보고, 피드백 받고, 다시 수정하는 과정이 있어야 팀이 성장합니다. 완벽한 결과보다 함께 성장하는 과정이 더 오래 갑니다.

관계 갈등 유형 3: '급할 때'와 '평소'가 다른 사람

10년 차 H 간호사는 병동에서 실력도 인정받고 평소에는 후배들을 잘 챙기는 편이다. 후배가 힘들어 보이면 "내가 대신 할까?"라며 손을 내밀기도 한다. 생일이 있는 날에는 작은 선물을 챙겨주고, 같이 밥을 먹자고도 한다.

그런데 병동이 바쁘거나 응급 상황이 오면 완전히 다른 사람이 된다. 어제까지 다정했던 H 간호사가 갑자기 목소리가 커지고 말투가 거칠어진다. 3년 차 후배가 IV 라인 확보가 조금 늦어지자 "뭐 했어? 이것도 못 해? 진짜!"라고 큰 소리로 말한다. 환자 기록을 찾는 1년 차 간호사에게는 "아니 그러니까 내가 아까 뭐라고 했는데! 정신 좀 차려!"라고 환자 보호자가 있는 앞에서 윽박지른다. 인계 시간이 임박했을 때 실수가 생기면 "어떻게 이런 걸 놓칠 수가 있어?"라며 한숨을 크게 쉰다.

근무가 끝나면 H 간호사는 언제 그랬냐는 듯이 돌아온다. "오늘 진짜 힘들었다. 우리 치맥 먹을까?"라고 웃으며 말한다. 아까 윽박질렀던 후배에게도 "오늘 고생했어. 내일 봐"라고 평소처럼 인사한다. 사과도 없고, 아까 그 일은 없었던 것처럼 행동한다.

후배 간호사는 당황스럽다. 출근길부터 눈치를 보게 된다. 병동이 조용한 날은 괜찮은데, 응급 환자가 오거나 동시에 여러 일이 터지면 언제 폭발할지 모른다는 불안감이 든다. 동료들 사이에서는 "오늘 H 선생님 기분 어때?" "지금은 괜찮은 날이야?"라는 말이 자연스럽게 오간다.

평소에는 괜찮은데, 급하면 폭발한다

H 간호사의 마음을 들여다봅시다. 본인은 "나는 솔직한 사람"이라고 생각합니다. 말을 돌려서 하지 않고, 느낀 대로 표현하는 게 오히려 정직하다는 믿음을 가지고 있습니다. 급한 상황에서 강하게 말한 건 '그 순간 정말 급했으니까'이고 근무가 끝나면 그 일은 이미 지나간 일입니다. 평소처럼 잘 대하면 되는 거 아닌가요?

이 패턴을 심리학에서는 감정 조절의 어려움과 관련지어 설명합니다. 스트레스가 높은 상황에서 감정을 조절하는 능력이 일시적으로 떨어지는 것입니다. 평소에는 충분하게 친절하고 배려심 있는 사람인데, 압박이 가해지면 감정이 먼저 튀어나옵니다. 문제는 그 감정이 상대방에게 어떤 영향을 주는지, 한 번의 폭발이 관계 전체에 어떤 균열을 만드는지에 대한 인식이 부족하다는 점입니다.

첫 평판은 실력 좋은 선배였습니다. 평소에 챙겨주고, 궁금한 것 물어보면 친절하게 알려주니까요. 하지만 시간이 지나면 분위기가 달라집니다. 후배는 '언제 또 화낼지 몰라'라는 긴장감이 쌓여 질문을 하려다가도 '지금 바쁘면 버럭하실 텐데 어떡하지?'하며 주저하게 되고, 실수가 생기면 '또 야단 맞겠네' 하고 움츠러듭니다. 평소에는 좋은 사람인데, 급하면 무섭다는 인식이 고정됩니다.

감정의 롤러코스터, 관계의 피로도

이 유형이 관계 갈등에서 특히 어려운 이유는 예측 불가능성 때문입니다. R 간호사는 항상 조심스럽고, T 간호사는 항상 기준이 높습니다. 패턴이 일관되면 상대도 그에 맞춰 대응 방식을 찾습니다. 하지만 H 간호사는 상황에 따라 극과 극입니다. 어제의 다정함과 오늘의 냉정함 사이에서 후배들은 혼란스럽습니다.

관계에서 가장 스트레스를 주는 요소 중 하나가 바로 이 예측 불가능성입니다. 일관되게 냉정한 사람보다 친절했다가 차갑게 돌아서는 사람이 더 큰 불안을 만듭니다. 상대는 '내가 뭘 잘못했나?' '선배가 나를 싫어하는 건 아닌가?'라는 질문에 답을 찾지 못한 채 관계 전체를 의심하게 됩니다.

이들의 행동 패턴을 살펴보면, 평소에는 문제가 없고 오히려 다른 사람들보다 더 친절하고 관대합니다. 작은 실수는 웃으며 넘기고, 후배가 힘들어하면 격려합니다. 그런데 스트레스 상황이 오면 감정이 먼저 튀어나와 목소리가 커지고, 말이 거칠어지고, 표정이 굳습니다. "지금 그게 중요해?" "왜 이걸 몰라?" "아까 말했잖아!" 같은 말이 쏟아지는 거지요.

문제는 폭발 이후인데도 본인은 '그 순간은 이미 지났으니 끝난 일'이라고 생각합니다. 급했던 상황이 해결되면 마음도 풀리고, 다

     오늘 마음

시 평소의 모습으로 돌아와 "오늘 고생했어"라는 말도 진심입니다. 하지만 상대에게는 그 상처가 그대로 남아 있습니다. '아까 그 말이 너무 아팠는데, 지금 아무렇지 않게 대하시네?'라는 생각이 들면서 혼란스럽습니다.

이 간격이 생기는 이유는 감정을 처리하는 속도가 서로 다르기 때문입니다. H 간호사는 그 순간의 감정을 강하게 표출했기 때문에 본인 안에서는 이미 해소되었습니다. 화가 났고, 표현했고, 상황이 해결되었으니 끝입니다. 하지만 후배는 감정을 받기만 했지 표출하지 못했습니다. 그 감정이 고스란히 남아서 계속 곱씹게 됩니다.

H 간호사도 급한 순간에 말을 세게 한 뒤, 나중에 후배의 위축된 모습을 보면 마음 한편이 불편합니다. '내가 좀 심했나?' 하는 생각이 스치긴 하지만 그 불편함을 어떻게 표현해야 할지 모릅니다. '미안하다고 해야 하나? 근데 그때는 진짜 급했는데. 사과하면 내가 잘못했다고 인정하는 건가?' '평소에 잘해주는데 그 정도면 이해할 수 있지 않나?' 여러 생각이 오갑니다. 결국 아무 말도 하지 않고, 평소처럼 잘 대하는 것으로 넘어가는 패턴이 나름대로 관계를 회복하는 방식이라고 생각합니다.

H 간호사는 자신에 대해서 '나는 감정 기복이 심한 사람'이라고

자각하기보다는 '나는 솔직한 사람' '나는 할 말은 하는 사람'이라고 인식하는 경향이 크다는 겁니다. 급할 때 강하게 말한 건 '상황이 급했으니까 당연한 거 아니야?'로 이해됩니다. 4장에서 살펴본 근본적 귀인오류와 빙산모델 기억나시죠? '나는 의도 평가, 상대는 행동 평가'의 전형적인 상황입니다. 우리 모두 날마다 겪고 있습니다.

갈등이 커지는 지점은 대개 감정 폭발 이후의 공백입니다. H 간호사는 '그 순간은 지났으니 괜찮아'라고 생각하지만, 상대는 '아까 그 말이 너무 상처였어'를 계속 붙들고 있습니다. 이 간격이 좁혀지지 않으면, 같은 일이 반복될 때마다 상처는 쌓이고 신뢰는 줄어듭니다. 후배들은 '선배가 진심으로 나를 챙겨주는 건가, 아니면 그냥 기분 좋을 때만 그런 건가' 확신을 갖지 못합니다.

H 간호사를 위한 맞춤 제안

갈등이 커지는 지점은 대개 감정 폭발 이후의 공백입니다. 도움이 되는 방법은 감정과 표현 사이에 작은 틈을 만드는 것입니다. H 간호사가 후배에게 이렇게 말한다면 어떨까요? "지금 환자 3명이 동시에 시술 다녀와서 정신이 없어요. 이거 먼저 해줄 수 있어요?"

그리고 상황이 지나간 뒤에는 짧게라도 확인해주는 겁니다.

"아까 내가 말을 좀 세게 한 것 같네. 너무 급해서 그랬구만. 미안해요." 이 한마디가 있고 없고의 차이는 매우 큽니다. 상대는 '선배가 나를 싫어해서 그런 게 아니구나' '상황이 급해서였구나'를 확인하게 되어 불안이 줄어듭니다.

그리고 한 가지 더. 평소에 잘해주는 것과 급할 때 상처 주는 것은 서로를 상쇄하지 않습니다. "나 평소에 잘 해주잖아."하는 말은 핑계가 되지 않습니다. 한 번의 폭발이 열 번의 친절을 무너뜨릴 수 있습니다. 관계는 평균이 아니라 가장 나쁜 순간으로 기억되기 때문입니다.

감정 기복을 줄이는 것은 자신을 위한 것이기도 합니다. 폭발하고 나면 본인도 지치고 후회하고 관계도 불편해집니다. 감정을 조절하는 연습을 하면, 일도 더 수월하고 관계도 더 편해집니다.

관계 갈등 유형 4: 말은 안 하고 '표정'으로 표현하는 사람

관계 갈등 사례 4

15년 차 L 간호사는 직접 말로 지적하는 일이 거의 없다. 후배가 실수하거나 마음에 들지 않는 일이 생겨도 "이거 잘못됐어." "다시 해"라고 명확하게 말하지 않는다. 대신 크게 한숨을 쉬거나, 눈을 흘기거나, 표정을 굳힌다. 기록을 확인하다가 뭔가 발견하면 입술을 꾹 다물고 째려본다. 그러다가 후배가 "선배님, 제가 뭘 잘못했나요?"라고 물으면 "3가지 정도 있기는 한데, 일단 하던 거 해"라고 짧게 답한다.
후배는 답답하다. "제가 어떤 것을 잘못했는지 알려주시면 더 노력할게요…" 다시 물어봐도 "됐어. 내가 처리했어"라고 한다. 하지만 표정과 태도는 전혀 괜찮지 않다. 다른 동료들도 눈치챈다. "L 선배님 오늘 또 누구한테 화났어?" 병동에 묘한 긴장감이 돈다. 모두가 L 간호사의 기분을 살피게 된다. "오늘 기분이 괜찮은가?"라며 누구한테 화난 건 아닌가 확인하는 게 일상이 되었다.

말하지 않아도 알아주길 바라는 마음

L 간호사의 마음을 들여다봅시다. L은 직접 말하는 게 불편한 사람입니다. "이거 잘못됐어"라고 지적하면 상대방이 기분 나빠할 것 같고, 관계가 껄끄러워질 것 같습니다. 그래서 직접 말하지 않고 표정이나 분위기로 보여주는 겁니다. '눈치 빠른 사람이면 알아채겠지' '그 정도는 말 안 해도 알지 않나?'라고 기대합니다.

한국 문화에서는 '눈치'가 미덕으로 여겨지는 경우가 많습니다. '굳이 말하지 않아도 상대의 기분을 알아채는 것'이 배려라고 배워왔습니다. '내가 불편하다는 걸 표정으로 보여줬는데도 모른다면, 그건 상대가 신경을 안 쓰는 거야'라고 생각합니다. 직접 말하는 것보다 이런 식으로 간접적으로 표현하는 것이 덜 공격적이라고 느낍니다.

다른 이유도 있습니다. 직접 지적했을 때 상대방이 "왜요? 제가 뭘 잘못했는데요?"라고 되물으면 대답하기 귀찮습니다. '이걸 언제 다 설명해' '알려줘도 다음에 또 물어볼 텐데'라는 방식으로 생각하기 때문입니다. 그래서 말로 하지 않고 분위기로 압박하는 게 더 편하고 상대가 알아서 눈치 채고 조심하는 방식이 됩니다.

비언어적 신호가 만드는 불안

이 유형이 관계 갈등에서 어려운 이유는 명확성의 부재 때문입니다. 한숨, 표정, 침묵은 해석의 여지가 너무 넓습니다. '저 한숨이 나 때문인가, 아니면 다른 이유인가?' '표정이 굳은 건 내가 뭘 잘못해서인가?' 상대는 계속 추측해야 합니다.

이런 소통 방식은 간접적 공격(indirect aggression)의 한 형태입니다. 직접 말하지 않지만, 분위기와 비언어적 신호로 상대를 불편하게 만듭니다. 수동공격과 비슷하지만 조금 다릅니다. 수동공격이 '겉으로는 수용하고 뒤에서는 저항'이라면, 이 유형은 '말은 안 하지만 분위기로 압박'합니다.

비언어적 거부 신호(냉담한 표정, 눈 피하기, 침묵)는 때로 직접적인 비난보다 더 큰 스트레스를 줍니다. 명확한 지적은 반박하거나 해명할 기회라도 있지만, 분위기는 대응할 방법이 없기 때문입니다. "선배님, 제가 뭘 잘못했나요?"라고 물어도 "됐어"라는 대답이 돌아오면, 후배는 더 혼란스럽습니다.

문제는 이런 분위기가 본인만이 아니라 팀 전체에 영향을 준다는 점입니다. 한 사람의 기분에 따라 병동 전체 분위기가 무겁거나 가벼워집니다. 다른 동료들도 눈치를 봅니다. "L 선배님이 저 후배한테 화났나 봐. 우리도 조심하자." 보이지 않는 긴장감이 병동을 감쌉니다. 이 패턴이 반복되면 상대방은 점점 위축되고 자유롭게 의견을 내거나 실수를 통해 배우는 분위기가 사라집니다. 결국 침묵과 분위기로 신호를 보내는 게 가장 안전하다고 느낍니다.

갈등이 커지는 지점은 대개 말하지 않은 기대가 충족되지 않을 때입니다. L 간호사는 '이 정도면 알아채야지'라고 생각하지만, 후배는 정확히 무엇을 원하는지 모릅니다. 이 간격이 좁혀지지 않으면, 오해는 쌓이고 관계는 점점 껄끄러워집니다.

     오늘 마음

L 간호사를 위한 맞춤 제안

후배가 실수했을 때, 한숨 쉬고 표정 굳히는 대신 짧게 말해보세요. "이 부분 다시 확인해 줄래요?" 추측하느라 에너지 쓰지 않아도 됩니다.

기분이 안 좋은 날에는 먼저 말해보세요. "오늘 컨디션이 별로라서 말수가 적을 수 있어." 이 한마디면 됩니다. 후배는 '내가 뭘 잘못한 게 아니구나' 안심하고, 괜히 눈치 보지 않게 됩니다.

'말하지 않아도 알아주길' 기대하는 건, 사실 상대에게도 나에게도 피곤한 일입니다. 상대는 계속 추측해야 하고, 나는 '왜 이것도 모르지'라며 답답합니다. 명확하게 말하면 둘 다 편해집니다.

그리고 한 가지 더. 침묵과 표정은 생각보다 강력한 무기라서 직접 말하는 것보다 오히려 더 공격적으로 느껴질 수 있습니다. '뭘 잘못했는지는 모르겠지만 화났다는 건 확실해' 이 불안이 관계를 계속 긴장 상태로 만듭니다. 침묵으로 계속 두면 오해만 커집니다.

3부에서는 우리 마음과 감정이 힘들어지는 순간들을 다뤘습니다. 피하고 싶지만 살아가면서 마주할 수밖에 없는 장면들입니다. 중요한 것은 이 상황들을 지혜롭게 대처하고, 그 경험을 배움으로 전환해 나만의 방식과 노하우로 만들어 가는 일입니다. 지금은 견

디기 어려울 만큼 힘들게 느껴질지라도, 이 시간은 반드시 지나가
며 그 과정을 통해 한층 더 단단해질 수 있습니다.

4부

선택
-
마음을 정하다

:

**"갈림길에서
나다운 방향 찾기"**

10장

후회 없는 선택, 방법은 있습니다

이 길이 맞는 걸까? 늦기 전에 다른 선택을 해야 하지 않을까?

O 간호사는 병동에 근무한지 4년째이다. 입사 초기에는 출근 걱정에 데이 전날엔 제대로 잠도 못잤다. 이제는 교대근무에도 많이 익숙해졌고 응급상황 외에는 큰 걱정이 없다. 모든 평화는 어제 동창생 소식 듣기 전까지였다.

간호학과 동창 한 명이 병원을 그만두고 외국계 보험회사로 이직해서 잘 지내고 있다는 소식을 듣자 마음속은 태풍으로 뒤집힌 바다가 되었다. 그 친구가 어떤 과정을 거쳤는지, 어떤 상황인지 구체적으로는 모르지만, 자신도 뭔가를 준비하고 나아가야 하는데 멈춰 있는 것처럼 느껴져 마음이 조급해진다.

'이렇게 지내다가 병동에서 리더하고 나면 다음은 뭐지? 외국계 회사는 급여도 많을 텐데. 왜 나는 다른 길을 열심히 찾지 않았을까? 동기들보다 뒤처지면 어쩌지?' 세상은 회색빛이 되었다. 병동 사람들과 인사도 대충, 환자 응대도 시큰둥, 인계 주는 사람에게도 불평불만이 많아진다.

최근 분위기가 많이 달라진 것을 느낀 차지 선생님이 O 간호사에게 다가왔다.

"O 선생님, 요즘 무슨 일이에요? 무슨 일 있죠? 누가 우리 O 선생님 괴롭혀요?"

　"도무지 뭘 해야 할지 모르겠어요. 간호사 4년 차인데, 제 길이 맞는지 매일 고민해요." 대학 입학 때만 해도 간호사만 된다면, 병원에 입사만 한다면 직업에 대한 고민이 끝날 줄 알았습니다. 커리어 고민 1, 3, 5, 7년 신드롬이라는 말이 있을 정도로, 열심히 일하다가도 주변에서 "○○ 선생님은 심평원으로 가려고 시험을 준비하고 있대. ○○ 선생님도 공무원 지원하려고 학원 다닌대"라는 이야기를 들으면 '나도 뭔가를 준비해야 하지 않나? 평생 이렇게 지낼 수 있을까?'라는 생각이 들지요.

　많은 간호사들이 상담이나 코칭을 받을 때 이렇게 말합니다. "간호학과에만 들어가면, 국가시험에만 합격하면, 대학병원이나 큰 병원에만 입사하면, 적어도 직업에 대한 고민은 끝날 것이라고 생각했어요"라고요.

　하지만 임상에서 일하면서도 1년 차에는 '여기 계속 다녀도 괜찮을까? 내가 해낼 수 있을까?' 3년 차에는 '이 경험을 가지고 다른 길로 옮길 수 있을까?' 5~7년에는 '이제는 너무 늦은 건 아닐까?' '지금 나가면 그동안의 노력이 아깝지 않을까?' '30살 전에는 결정해야 하지 않을까?'라는 또 다른 고민들이 이어지고 늘어날 뿐입니다.

　우리는 삶의 여러 갈림길에서 '어디로 갈까?'라는 질문으로 고민하기보다 '이 선택을 했다가 나중에 크게 후회하면 어떡하지?'

　　　　　　　　　　　　　　　　　　　　　　　　오늘 마음

라는 두려움을 더 많이 느끼게 되는 것 같습니다.

전환기에 필요한 것

2024년 병원간호사회 발행, 병원간호인력 배치현황 실태조사에 따르면, 신규 임용 간호사의 입사 후 1년 이내 사직자는 17.2%에 달합니다.[24] 업무량과 3교대라는 구조적 근무 환경 등의 어려움을 줄이기 위해 병원과 간호부에서도 교육전담 간호사의 신입간호사 지원사업과 보건복지부의 간호사 교대제 개선 시범사업 등을 통해 간호사 이직률을 줄이기 위해 노력하고 있습니다. 비교적 빠르게 취업에 성공하고, 전공과 일의 연결성이 분명한 직업임에도 불구하고, 간호사들이 커리어 선택에 대한 깊은 고민을 안고 살아간다는 것을 통계를 통해서도 알 수 있습니다.

이러한 높은 이직률의 이면에는 단순히 업무 강도나 근무 환경만의 문제가 아닌, 더 복잡한 심리적 요인들이 자리하고 있습니다. 간호사들을 대상으로 한 심층 인터뷰 연구들을 살펴보면, 이직을 고민하는 주된 이유 중 하나가 비교에서 비롯된다는 것을 알 수 있습니다. SNS를 통해 동기들의 화려한 근황을 접하거나, 다른 직종에 종사하는 친구들의 자유로운 일상을 보면서 '나만 뒤처지는 것

성인 초기와 중년기 발달

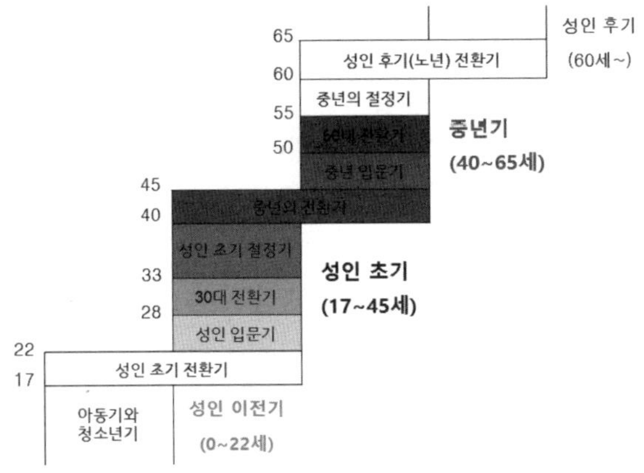

은 아닐까?' '나만 좁은 세계에 갇혀 있는 것은 아닐까?'하는 불안
을 경험합니다.

우리가 좀 더 고민해보아야 하는 부분은 실제로 이직을 한 간호
사들을 추적 조사한 연구에서 상당수가 새로운 직장에서도 비슷
한 고민을 반복한다는 것입니다. 따라서 '어떤 일을 하느냐?'가 아
니라, '나는 지금 올바른 선택을 하고 있는가?'라는 질문의 답이 더
탐구해 봐야 하는 방향일 수 있습니다.

특히 20대 후반에서 30대 초반에 직업에 대해 이처럼 근본적
인 재평가를 하게 되는 것은 발달 이론을 통해서 이해하면 도움이
됩니다. 발달 심리학자 대니얼 레빈슨(Daniel Levinson)은 성인의 삶

   오늘 마음

을 연구하며 30세 전환기(Age 30 Transition)라는 개념을 제시했습니다.[25] 레빈슨에 따르면, 사람들은 20대에 어떤 직업을 선택하고, 어떤 관계를 맺고, 어떤 생활방식을 살아갈지 대략적인 인생 구조(Life Structure)를 만들어 갑니다.

30세 전후에 대부분의 사람들은 이 구조를 다시 들여다보며 자신의 20대 전후 성인 초기 전환기(Early Adult Transition)에서의 선택을 재평가하는 시기를 겪습니다. 레빈슨은 이 시기를 30대 전환기(Age 30 Transition)로 정의하며, 사람들은 자신이 세웠던 인생 구조를 한 번 흔들어 보고, 새로운 목표나 방향을 설정하기 위해 좌충우돌의 시간을 보낸다고 설명합니다.

많은 간호사들이 20대 후반과 30대 초반에 '이 일이 정말 내 길이 맞는가?' '지금이라도 다른 선택을 해야 하지 않을까?'라고 고민하는 것은 발달이론에 비춰봤을 때도 매우 자연스러운 고민일 수 있습니다.

그렇다면 우리는 이 전환기를 어떻게 지나가야 할까요? 이 시기의 핵심 과제는 탐색입니다. 단, 이 탐색은 단순히 다른 직장을 알아본다는 의미가 아닙니다. 내면의 탐색으로 '나는 무엇을 원하는가?' '나에게 진짜 중요한 것은 무엇인가?'라는 방향의 질문과, 외부의 탐색을 위해 '세상에는 어떤 가능성이 있는가?' '나는 어떤 방향으로 나아갈 수 있는가?'라는 질문이 필요합니다. '좋은 병원의 간호사로 일한다'는 20대 초반의 목표에서, 이제는 '환자를 직접 돌보는 것이 여전히 나의 길인가? 아니면 다른 방식으로 의료 전문가로서 기여하고 싶은가?'라는 질문으로 확장되는 것입니다. 이 질문에 대한 답은 서둘러 내릴 필요가 없습니다. 중요한 것은 질문을 던지고, 내면의 목소리에 귀 기울이는 과정 자체입니다.

선택할 때의 감정, 왜 우리는 지쳐버리는가

선택 앞에서 우리가 마주하는 가장 큰 어려움 중 하나는 바로 '선택 피로'입니다. 너무 많은 선택지 앞에서 우리는 에너지 고갈에 빠지게 됩니다. "인생에서 20대 때가 가장 힘들었어요"라고 말하는 사람들이 있습니다. 이유를 들어보면 공통적인 부분이 있습니다. 역설적으로 들리겠지만 바로 선택지가 너무 많다는 것입니다. 배우자와 직업의 선택 등 인생에서 매우 중요한 결정들을 하는 시기이고 선택의 폭이 넓습니다.

간호사로 일하면서도 병동을 옮길지, 외래로 갈지, 전문간호사를 준비할지, 대학원에 갈지, 학교로 이직할지, 심평원 시험을 볼지, 아예 다른 길을 찾을지… 끊임없이 들려오는 선택지들 앞에서 우리는

 오늘 마음

혼란스러워집니다. 선택의 역설이라고도 합니다. 심지어 이런 생각을 할 때도 있습니다, '누가 나 대신 선택하고 결정해주면 좋겠다.'

직관적으로 생각하면 선택지가 많을수록 좋을 것 같습니다. 더 많은 옵션이 있으면 그만큼 나에게 딱 맞는 것을 찾을 확률이 높아질 테니까요. 그러나 심리학자 배리 슈워츠(Barry Schwartz)는《선택의 역설 The Paradox of Choice: Why More Is Less》에서 정반대의 결과를 발견했습니다. 선택지가 너무 많으면 오히려 사람들은 결정을 미루거나 아예 포기하게 되고, 설령 결정을 내리더라도 만족도가 떨어진다는 것입니다. 왜 그럴까요? 선택지가 많아질수록 우리는 '혹시 더 좋은 선택이 있는 건 아닐까?'라는 불안에 시달리게 됩니다. 선택을 한 후에도 '다른 것을 선택했다면 더 좋았을 텐데'라는 후회에 빠지기 쉽습니다. 결국 선택의 자유가 늘어날수록 더 불행해지는 역설적인 상황에 놓이기도 합니다.

다른 모든 사람들처럼 간호사도 커리어 선택 과부하에 취약합니다. SNS에는 동기들의 다양한 선택이 눈에 들어옵니다. 한 명은 보험회사로 이직했고, 다른 한 명은 대학원에 진학했고, 또 다른 한 명은 전문간호사 시험을 준비하고 있습니다. 간호사의 길을 그만두고 창업을 한 친구도 있습니다.

각자의 선택이 마치 '나도 무언가 다른 것을 해야 할 것'처럼 압박

합니다. 더 큰 문제는 이 모든 선택들이 '지금 결정하지 않으면 늦을지 모른다'는 조급함과 함께 다가온다는 것입니다. 불안이라는 감정이 더해지면 우리는 제대로 된 탐색은커녕 눈앞의 기회를 놓치면 안될 것 같아 급하게 결정을 내리거나, 반대로 너무 많은 것을 고려하다가 아무 결정도 내리지 못하는 상태에 빠지게 됩니다.

선택을 어렵게 만드는 또 다른 요인은 비교입니다. 우리는 선택하지 않은 것들의 장점만 과대평가하고, 선택한 것의 단점만 크게 보는 경향이 있습니다. 심리학에서는 이를 '기회비용 편향'이라고 부릅니다. 병동에 남아 있으면 다른 분야로 간 동료들의 자유로운 주말이 부러워 보입니다.

하지만 그 동료들은 어쩌면 병동 간호사로서 환자의 회복을 직접 돕는 보람을 그리워하고 있을지도 모릅니다. 보험회사로 이직하면 병동의 안정적인 커리어 패스가 아쉬울 수 있고, 대학원에 가면 임상 경험을 쌓지 못하는 것이 걱정될 수 있습니다. 문제는 우리가 이런 양면성을 공정하게 보지 못한다는 것입니다. 내가 가지지 못한 것은 모두 좋아 보이고, 내가 가진 것은 당연해 보입니다. 이런 비교의 함정에 빠지면 어떤 선택을 하더라도 만족할 수 없게 됩니다.

20~30대에게 선택이 어려운 또 다른 이유는 시야가 좁다는 점입니다. 살아온 경험보다 살아갈 날들이 아득하다 보니 장기적인

관점보다는 당장 눈에 보이는 조건들에 집중하게 됩니다. 급여가 얼마나 오르는지, 휴가가 며칠 늘어나는지, 업무 강도가 어떤지… 이런 것들이 선택의 주된 기준이 됩니다. 물론 이런 조건들도 중요하지만 5년, 10년 후에도 정말 중요한 것은 무엇일까요? 그 일이 나의 성장에 어떤 기여를 하는지, 나의 가치관과 얼마나 부합하는지, 그 과정에서 어떤 관계를 맺게 되는지. 이런 질문들의 답은 당장 눈에 보이지 않기 때문에 간과하기 쉽습니다.

선택을 잘못했다고 생각했을 때, 우리는 많은 감정적 에너지를 소모하게 됩니다. '그때 다른 선택을 했더라면' '왜 그런 선택을 했을까'하는 후회는 현재의 에너지를 빼앗아갑니다. 실제로는 잘못된 선택이 아닐 수도 있는데, 단지 다른 사람들의 선택과 비교하면서 스스로를 괴롭히는 경우가 많습니다.

많은 사람들이 완벽한 선택을 찾으려고 합니다. 모든 조건이 다 좋고, 단점은 하나도 없는 그런 선택 말이죠. 하지만 그런 선택은 존재하지 않습니다. 모든 선택에는 장단점이 있고, 무언가를 얻으려면 다른 무언가를 포기해야 합니다. 포기하는 용기가 선택 이후에도 집중과 만족감이 높아집니다.

어떻게 하면 선택 피로에서 벗어날 수 있을까요? 핵심은 선택지를 의도적으로 좁히는 것입니다. 모든 가능성을 다 열어두고 고민하는 것은 에너지만 소모할 뿐입니다. 나의 핵심 가치가 무엇인지 먼저 명확히 하고, 그 가치에 부합하지 않는 선택지들은 과감히 제외하는 것이 필요합니다. 예를 들어, 환자와의 직접적인 상호작용이 나에게 가장 중요한 가치라면, 그것이 불가능한 선택지들은 아무리 조건이 좋아 보여도 나에게 맞지 않는 것입니다.

배리 슈워츠에 따르면, 옵션이 3~5개일 때 인간은 가장 만족스러운 결정을 내리며, 그 이상이 되면 심리적 비용이 발생해 불안감이 커진다고 강조합니다. 핵심 가치를 기준으로 선택지를 최종 3개 정도로 좁히는 것이 좋습니다. 이렇게 하면 '혹시 다른 더 좋은 것이 있는 건 아닐까?'하는 불안에서 벗어날 수 있고, 각 선택지를 깊이 있게 탐색할 수 있는 여유가 생깁니다.

모든 것을 다 가질 수 없다는 것을 받아들이고, 나에게 진짜 중요한 것이 무엇인지 명확히 하고, 선택 후에는 그 선택에 의미를 부여하며 살아가는 것. 그것이 선택 피로에서 벗어나는 길입니다.

후회하지 않을 선택을 만들어 내는 것

"병원을 계속 다녀야 할까, 그만둬야 할까?" 이런 선택 앞에서 장단점을 적어봅니다. 왼쪽에는 [남을 경우], 오른쪽에는 [떠날 경위]를 적고, 각각의 좋은 점과 나쁜 점을 나열합니다. 하지만 아무리 목록을 채워도 여전히 확신이 서지 않습니다. 우리가 분석을 덜 해서가 아닙니다. 오히려 우리에게 필요한 것은 '어떻게 선택할 것인가?'에 대한 프로세스입니다. 투자의 달인 찰리 멍거(Charles Munger)는 《가난한 찰리의 연감(Poor Charlie's Almanack: The Essential Wit&Wisdom of Charles T. Munger)》에서 이렇게 말합니다. "좋은 결정을 위해서는 충분한 정보, 명확한 기준, 적절한 타이밍, 결정 후 헌신과 몰입이 중요하다."

먼저, 우리가 자주 빠지는 함정들을 알아봅시다.

1. 커리어 선택에서 하지 말아야 할 것

힘들어서 도망치는 선택

'너무 힘들어. 어디든 여기만 아니면 돼.' 이런 마음으로 내린 결정은 대부분 더 심각한 후회로 이어집니다. 왜냐하면 '어디로 가는가?'보다 '무엇에서 벗어나는가?'에 초점이 맞춰져 있기 때문입니다.

감정이 격해진 상태에서는 어떤 결정도 내리지 않는 것이 좋습니다. 감정이 내려갈 때까지 스펀지처럼 격한 감정을 흡수해 줄 버퍼 기간이 필요합니다. 힘든 것과 맞지 않는 것은 다릅니다. 지금 힘든 이유가 정말 이 일이 나와 맞지 않아서인지, 아니면 일시적인 어려움 때문인지를 구분해야 합니다. 감정이 격해진 상태에서는 이 구분이 불가능합니다.

이미 정답을 정해놓은 선택

'나는 이미 이직하기로 마음먹었어. 그냥 누군가 내 선택이 맞다고 말해줬으면 좋겠어.' 이것은 선택이 아니라 동의를 강요하는 것입니다. 자신의 결정을 정당화해 줄 말만 찾고 있다면, 아무리 좋은 조언도 귀에 들어오지 않습니다. 주변 사람들에게 조언을 구한다면서 사실은 자신이 원하는 정보만 골라 듣고 있는 것입니다.

한 가지 성공 사례만 보고 따라하는 선택

동기 한 명이 이직해서 잘 되는 모습을 보고 따라가는 경우입니다. 하지만 그 친구에게 맞는 선택이 나에게도 맞으리라는 보장은 없습니다. 한 사람의 성공 스토리는 그 사람의 성격, 강점, 상황, 운이 모두 맞아떨어진 결과입니다. 겉으로 보이는 화려함만 보고 따라 했다가는 예상치 못한 어려움에 부딪히게 됩니다.

2. 커리어 선택에서 도움되는 것

선택의 폭을 넓히기

우리는 본능적으로 이분법적으로 생각합니다. '계속 다닐까, 그만둘까?' 하지만 이런 질문은 우리를 좁은 시야로 가둡니다. 더 다양한 시각의 질문이 필요합니다. '어떻게 하면 내 일이 더 만족스러워질까?' 이렇게 질문하면 훨씬 다양한 가능성이 살아있는 선택을 가능하게 합니다. 병동에 남되 다른 역할을 맡을 수도 있고, 외래로 이동할 수도 있고, 전문간호사를 준비할 수도 있습니다.

한 가지 팁은 '이 선택이 불가능하다면 어떻게 할까?'라고 스스로에게 물어보는 것입니다. 병동을 떠나는 것도, 남는 것도 불가능하다면 어떤 제3의 길이 있을까요? 이런 질문은 창의적인 대안을 찾게 해줍니다.

막연한 상상을 현실로 확인하기

'보험회사는 휴가도 많고 급여도 좋을 거야.' 이것은 검증되지 않은 가정입니다. 큰 결정을 내리기 전에 작은 실험을 해보는 것이 중요합니다. 전문간호사가 궁금하다면 관련 세미나에 참석해보거나 전문간호사 선배와 커피 미팅을 해볼 수 있습니다. 다른 부서가 궁금하다면 다른 부서 사람들과 만날 수 있는 프로그램에 참여하거나 인맥을 동원하여 정보를 얻어보는 것도 도움이 됩니다. 이런 작은 경험들은 내가 생각했던 것과 실제의 차이를 알게 해줍니다.

거리를 두고 보기

감정적으로 지칠 때는 모든 것이 힘들게만 느껴집니다. 이럴 때 내린 결정은 대부분 후회로 이어집니다. 한 가지 유용한 방법은 시간의 거리를 두고 생각해보는 것입니다. '이 결정을 내렸을 때, 한 달 후에는 어떤 기분일까? 1년 후에는? 10년 후에는?' 이렇게 물어보면 순간의 감정에서 벗어나 더 넓은 시각을 가질 수 있습니다.

또 다른 방법은 '내 친구가 이런 상황이라면 나는 어떤 조언을 해줄까?'라고 생각해보는 것입니다. 타인의 문제는 우리가 더 객관적으로 볼 수 있습니다. 그리고 가장 중요한 것은 나의 핵심 가치를 기준으로 판단하는 것입니다. 나에게 가장 중요한 것이 무엇인지 명확히 하면, 그 기준에 따라 선택을 평가할 수 있습니다.

완벽하지 않아도 괜찮다는 것 받아들이기

아무리 잘 준비해도 예상치 못한 일은 일어납니다. 우리가 할 수 있는 것은 최선과 최악의 시나리오를 모두 생각해보는 것입니다.

'1년 후, 이 결정이 완전히 실패했다면 무엇이 잘못됐을까?' 이렇게 질문하면 미리 대비할 수 있는 문제들이 보입니다. 반대로 '1년 후, 이 결정이 대성공이었다면 무엇이 잘 되어서 성공했을까?'라고 물으면 성공을 위해 필요한 조건들이 명확해집니다.

그리고 결정을 내린 후에는 점검 시점을 정해두는 것이 좋습니다. '3개월 후에 다시 점검하자' '이런 일이 생기면 다시 고민하자'와 같은 체크포인트를 미리 만들어두면, 잘못된 방향으로 너무 오래 가는 것을 막을 수 있습니다.

찰리 멍거가 말하는 좋은 결정을 위한 요건	
충분한 정보	막연한 상상이 아닌 구체적인 사실에 기반하기 다만, '모든 정보'는 불가능하다는 것을 받아들이기
명확한 기준	내가 중요하게 여기는 가치가 무엇인지 알기 그 기준에 따라 평가하기
적절한 타이밍	너무 서두르지도, 너무 미루지도 않기 실험과 탐색의 시간을 갖되, 무한정 연기하지 않기
결정 후 헌신(몰입)	결정을 내린 후에는 그 결정을 최선으로 만들기 위해 노력하기 끊임없이 '다른 선택이 나았을까?' 되돌아보지 않기

찰리 멍거가 강조한 마지막 요건, '결정 후 헌신과 몰입'이 어쩌면 가장 중요할지도 모릅니다. 결정을 내린 후에는 그 결정을 최선

으로 만들기 위해 노력해야 합니다. 끊임없이 '다른 선택이 나왔을까?'하고 되돌아보는 것은 미래의 에너지까지 빼앗아갈 뿐입니다. 이전 연인을 계속 생각하는 것이 지금의 관계에 도움이 되지 않듯이, 선택하지 않은 길을 계속 그리워하는 것은 현재의 선택을 망치는 지름길입니다.

결정을 내렸다면 뒤돌아보지 않고, 그 선택이 좋은 선택이었다는 증거를 만들어가야 합니다. 심리학자 대니얼 길버트(Daniel Gilbert)의 연구에 따르면, 사람들은 자신이 예상하는 것보다 훨씬 빠르게 자신의 선택에 적응하고 만족을 찾아낸다고 합니다. 우리는 어떤 선택을 하든 그 선택을 정당화하고 의미를 부여하는 능력이 있다는 것입니다. 결국 중요한 것은 '무엇을 선택했는가?'보다 '선택 이후에 어떻게 살아가는가?'입니다.

| 제대로 도움받기

중요한 선택을 앞두고 우리는 혼자 고민하는 경향이 있습니다. 혼자서 모든 답을 찾으려 하는 것은 복잡한 쇼핑몰에서 지도도 없이 길을 찾으려는 것과 같습니다. 지나가는 사람에게 물어볼 수도 있지만, 안내 데스크를 찾는 것이 훨씬 현명한 방법입니다. 잘 모르

 오늘 마음

는 길을 내비게이션도 없는데 아무에게도 물어보거나 도움을 구하지 않은 채 운전한다면 우리는 어디로 가게 될까요?

커리어 선택에서도 마찬가지입니다. 누구에게 조언을 구하느냐가 결정의 질을 좌우합니다. 가장 흔하게 찾는 조언자는 친구나 동기처럼 편한 사람들입니다. 물론 이들과의 대화는 정말로 소중한 위로가 되지만, 그들의 경험과 관점이 나와 비슷해서 새로운 시각을 주기는 어렵습니다. 나와 비슷한 결정을 한 사람도 조심해야 합니다. 이직한 사람에게 이직에 대해 물으면 이직이 좋다고 말할 가능성이 높고, 남은 사람에게 물으면 남는 것이 좋다고 말할 가능성이 높습니다. 사람들은 자신의 선택을 정당화하려는 경향이 있기 때문입니다. 감정적으로 가까운 사람은 나를 잘 이해하지만, 객관적 조언보다 감정적 지지에 치중합니다.

부모님이나 오랜 친구는 내가 힘들어하는 모습을 보면 "그만둬, 다른 곳 찾아봐"라고 말하기 쉽습니다. 특히 위험한 것은 비슷한 불만을 공유하는 동료들끼리만 대화하는 것입니다. "병동 일이 너무 힘들어"로 시작한 대화가 동료들과 나누다 보면 "역시 이곳은 떠나는 것이 답이다. 우리 다같이 부서이동이나 사직하자"라는 극단적인 결론으로 이어지는 경우를 본 적이 있을 것입니다. 비슷한 생각을 가진 사람들끼리 대화하면, 원래 의견이 더 극단적으로 변하는 집단 극화(Group Polarization) 현상이 나타납니다.

좋은 조언자는 누구일까요? 좋은 조언자의 조건은 편안한 상대가 아니라, 오히려 다양한 경험과 관점을 가지고 객관적이며 전문성을 가진 사람입니다. 비슷한 길을 간 사람만이 아니라 전혀 다른 길을 간 사람의 이야기도 들어봐야 합니다. 병원에 남은 10년 차 선배의 조언과 병원을 나가 다른 분야에서 일하는 선배의 조언, 두 가지를 모두 들어보는 것이죠. 한쪽의 이야기만 들으면 편향된 시각을 갖기 쉽습니다.

조언자 유형에 따른 장단점

조언자 유형	접근하기 쉬운 사람 (친구, 동기)	나와 비슷한 결정을 한 사람	감정적으로 가까운 사람
장점	편하게 이야기할 수 있음	공감대 형성	나를 잘 이해함
단점	경험과 관점이 나와 비슷해서 새로운 시각을 주기 어려움	자신의 선택을 정당화하려는 경향 (확증편향)	객관적 조언보다 감정적 지지에 치중

내 결정에 직접적 이해관계가 없는 사람의 조언도 중요합니다. 그래야 내가 듣고 싶은 말이 아니라 내게 필요한 말을 해줄 수 있습니다. 같은 병동의 동료보다는 다른 병동이나 다른 병원의 선배가, 친한 친구보다는 전문가가 더 객관적인 조언을 줄 수 있습니다.

오늘 마음

커리어 전환을 여러 번 경험한 사람, 전문가나 코치는 단순히 자신의 경험만이 아니라 많은 사람들의 케이스를 알고 있어서 폭넓은 조언을 줄 수 있습니다.

병원 안에서는 10년 이상 경력의 선배, 교육전담 간호사, 수간호사를 찾을 수 있습니다. 평소 눈여겨 보았던 지혜를 갖춘 사람이 주변에 꼭 있을 것입니다. 자신의 병동이 아니라면 함께 일하다 부서 이동한 선배, 간호부 밖으로 이동한 선배, 옆 병동 선배 중에도 도움받을 사람을 찾아볼 수 있습니다.

병원 밖에서는 실제 전환 경험이 있는 선배를 찾아보거나, 대학 때의 교수님께 고민을 표현하고 적합한 조언자를 소개받을 수도 있습니다. 전문 커리어 코치의 도움을 받는 것도 현명한 투자입니다. 이렇게 조언자를 찾으면서 커리어 관련 책이나 강의, 멘토링 프로그램 등을 병행하는 것도 큰 도움이 됩니다.

조언자를 만났을 때 어떤 질문을 하느냐도 중요합니다. "저 그만둘까요, 말까요?"라는 질문은 도움이 되지 않습니다. 이런 질문에는 명확한 답이 없고, 조언자도 책임질 수 없는 답을 강요받게 됩니다. 대신 "선생님은 4~5년 차 때 어떤 고민을 하셨고, 어떻게 해결하셨어요?" "이직하신 분들이 공통적으로 말씀하시는 어려움은 뭐였나요?" "제가 지금 놓치고 있는 관점이 있을까요?" "3개월

조언자의 주요 특성	좋은 조언자의 조건
경험과 관점의 다양성	• 비슷한 길을 간 사람 + 전혀 다른 길을 간 사람 • 병원에 남은 선배 + 이직한 선배 • 키리이 전환을 여러 번 경험한 사람
객관성	• 내 결정에 직접적 이해관계가 없는 사람 • 내가 듣고 싶은 말이 아닌, 필요한 말을 해줄 수 있는 사람
전문성	• HR 전문가, 커리어 코치 • 해당 분야에서 성공한 사람

안에 제가 해볼 수 있는 작은 실험은 뭐가 있을까요?" 같은 질문을 해보세요.

커리어 고민의 좋은 질문 예시

• 선생님은 4~5년 차 때 어떤 고민을 하셨고, 어떻게 해결하셨어요?

• 이직하신 분들이 공통적으로 말씀하시는 어려움은 뭐였나요?

• 제가 지금 놓치고 있는 관점이 있을까요?

• 3개월 안에 제가 해볼 수 있는 작은 실험은 뭐가 있을까요?

이런 질문들은 구체적이고, 조언자의 경험을 들을 수 있으며, 실질적인 행동으로 이어질 수 있습니다. 이 질문들을 조언자에게 하기 전에 먼저 스스로에게 해보는 것도 좋습니다. 답을 생각해보는

 오늘 마음

과정 자체가 자신을 이해하는 시간이 됩니다.

후회하지 않을 선택이란, 완벽한 선택을 하는 것이 아닙니다. 충분히 고민하고, 양질의 정보를 모으고, 내 기준에 따라 결정하고, 그 결정에 최선을 다하는 것입니다. 그렇게 만든 선택은 설령 예상과 다른 결과가 나오더라도 후회가 아니라 배움이 됩니다. 그 배움이 다음 선택을 더 현명하게 만들어줍니다.

11장

작은 전진이 선택의 다음 걸음을 만듭니다

목표가 너무 많아도 문제, 목표가 없어도 문제인 것 같아요.

수간호사 M은 최근 두 명의 후배가 걱정이다. 둘 다 6년 차, 비슷한 시기에 입사했지만 전혀 다른 모습이다.

U는 욕심이 많다. 전문간호사 준비, 헬스장 등록, 영어 공부, 후배 멘토링, 독서 모임… 뭐든 시작한다. 바쁜 것이 좋다고는 하지만 쉬는 날이 거의 없고 큰 펑크가 한 번씩 난다는 것이다. 최근 후배 면담도 형식적이었다는 후기가 들려온다. U를 보면 늘 피곤해 보인다.

반면 S는 아무것도 하지 않는다. 출퇴근의 반복. 업무에서 자신의 몫은 잘 해내지만, 연차를 생각해 봤을 때 뭔가가 아쉽다. 새로운 시도도, 목표도 없는 것 같다.

"S 선생님, 요즘 관심 있는 거 있어요? 뭐 배우고 싶거나, 하고 싶은 거?"

"글쎄요… 특별히는 없는데... 운동해야 하긴 하는데 규칙적으로 못갈 것 같아요."

목표의 전환기

입사 후 몇 년간, 특정한 목표를 달성하면 좀 덜 바쁘고, 덜 힘들게, 삶이 안정될 것이라는 기대를 가지고 헌신적으로 일하고 성장해 왔습니다. 이 기대는 부분적으로 사실입니다. 연차가 쌓이면서 전문성이 깊어지고, 신규 때의 불안감은 익숙함으로 대체됩니다. 처음에는 불가능해 보였던 출근 전날 불안감 없이 잠들기, 인수인계 무사히 마치기, 프리셉터 역할 잘하기 등의 과업을 무탈하게 해낸 경험은 힘든 시기를 버텨내는 든든한 동력이 되어 줍니다.

20대 후반에서 30대 초반이라는 커다란 전환기에 접어들면, 우리는 전혀 다른 성격의 수많은 선택의 순간을 마주하게 됩니다. 이전에는 A와 B 중 하나를 고르는 것처럼 비교적 명확한 선택이었다면, 이제는 무엇을 선택해야 할지조차 모르겠는 막막한 선택들이 기다리고 있습니다. 이직, 육아 여부, 관계 정비 등 삶의 핵심 축을 결정하는 중대한 선택들입니다.

이 시기의 혼란은 지극히 자연스럽습니다. 20대 초반에는 졸업하기, 취업하기처럼 학교나 병원이 제시하던 명확한 목표들이 존재했습니다. 사회가 마련해준 일정한 구조 안에서 움직였기 때문에, 다음 단계가 비교적 선명하게 보이는 시기였습니다. 그러나 시간이 흐르면 그 구조는 서서히 역할을 다합니다. 특히 간호 조직의 특성상, 입사 초기에는 다음 단계의 목표가 끊임없이 주어집니다.

많은 병원들이 신입 간호사의 적응을 돕기 위해 실무교육, 멘토링, 평가 체계 등을 집중적으로 지원하고 있으며, 이러한 구조 속에서 1~2년 차 간호사들은 주어진 목표를 따라가며 빠르게 성장하게 됩니다. 업무 습득, 독립하기, 새로운 역할 맡아보기 등은 비교적 명확한 기준이 존재하고, 그 기준을 통과할 때마다 '다음 단계'가 자연스럽게 제시됩니다. 하지만 그 시기가 지나면 이야기가 달라집니다.

더 이상 조직이 개인의 삶의 방향을 설계해주지 않으며, 장기적으로 어떤 경로를 선택하고 어떤 방식으로 성장할지는 각자가 결정해야 하는 과제로 남습니다. 초기 몇 년간은 주어진 목표 안에서 성장하면 되지만, 그 이후의 성장과 만족은 각자에게 맞는 방향과 구체적인 방법을 직접 설계하고 실천해야 하는 시기로 전환됩니다.

오늘 마음

바로 이 지점에서 많은 분들이 낯섦과 혼란을 경험합니다. 주변 동료들의 다양한 선택—이직, 대학원, 결혼, 타 직종 전환, 새로운 도전—이 눈에 들어오고, 삶의 모양이 분기되는 시점에서 '나만 멈춰 있는 것 아닐까?' '성장해야 할 것 같은데 무엇을 선택해야 할지 모르겠다'는 생각이 자연스럽게 나타납니다. 이것은 개인적으로 부족해서가 아니라 외부 목표에서 내부 목표로 전환되는 시기에 보편적으로 나타나는 정서적 반응에 가깝습니다.

█ 목표가 있다는 것, 작은 차이가 만드는 변화

목표와 관련된 흥미로운 연구가 있습니다.[26] 267명의 참가자를 다섯 그룹으로 나눴습니다. 첫 번째 그룹은 그냥 목표만 생각했고, 두 번째 그룹은 목표를 글로 적었고, 세 번째 그룹은 행동 계획까지 세웠고, 네 번째 그룹은 친구에게 목표를 공유했고, 다섯 번째 그룹은 친구에게 주간 진행상황까지 보고했습니다.

4주 후 결과는 놀라웠습니다. 목표를 글로 적고 행동 계획을 세우고 누군가와 공유한 그룹은 그냥 목표만 생각한 그룹보다 목표 달성 가능성이 76% 더 높았습니다. 이 연구가 시사하는 것은 단순합니다. 목표가 있는 것과 없는 것, 그리고 목표를 어떻게 다루는가의 차이는 생각보다 훨씬 크다는 것입니다. 목표는 단순히 이루고 싶은 것이 아니라, 매일의 선택을 안내하는 나침반이기 때문입니다.

심리학자 에드윈 로크(Edwin Locke)와 게리 레이텀(Gary Latham)은 35년 이상 목표 설정을 연구하며 목표가 우리의 일상에 미치는 영향을 발견했습니다.[27]

첫째, 목표는 주의를 집중시킵니다. 목표가 없으면 우리의 시선은 여기저기 흩어집니다. 오늘 무엇을 할지, 내일 무엇을 준비할지 명확하지 않습니다. 목표가 있으면 수많은 정보와 기회 속에서 '아, 이건 나한테 필요한 거네'라고 알아차릴 수 있습니다.

예를 들어 볼까요. 중환자 간호를 더 잘하고 싶다는 목표가 있는 간호사는 병동 게시판의 세미나 공지를 그냥 지나치지 않습니다. '이거 들으면 도움 되겠는데'라고 자연스럽게 눈길이 갑니다.

둘째, 목표는 노력을 이끌어냅니다. 6년 차 간호사 두 명을 비교해 볼까요. A는 특별한 목표가 없습니다. 퇴근 후 집에 와서 피곤해서 쉽니다. B는 '1년 안에 심전도를 좀 더 잘 읽고 싶다'는 목표가 있습니다. 똑같이 피곤하지만, B는 '오늘 15분만 공부하자'고 책상에 앉습니다. 하루 15분의 차이가 1년이면 91시간입니다. 시간의 축적이 전문성의 차이를 만들어 갑니다.

셋째, 목표는 어려움 앞에서 버티게 해줍니다. 목표가 없으면 조금만 힘들어도 쉽게 포기하게 됩니다. '왜 이걸 해야 하지?'라는 질문에 답이 없기 때문입니다. 목표가 명확하면 힘들 때도 내가 왜 이걸 시작했는지를 떠올리며 한 걸음 더 갈 수 있습니다.

넷째, 목표는 더 나은 방법을 찾게 합니다. 목표가 있으면 어떻게 하면 더 잘할 수 있을까를 자연스럽게 고민하게 됩니다. 새로운 방법을 찾아보고, 시행착오를 통해 배우고, 조금씩 개선해 나갑니다.

목표는 성과만을 의미하지 않습니다. 종종 목표라고 하면 자격증, 승진, 이직, 학위 같은 것들만 떠올립니다. 물론 이것들도 중요합니다. 하지만 진짜 삶을 만들어가는 목표는 따로 있습니다. '나는 어떤 사람으로 살고 싶은가?' '나는 어떤 관계를 맺고 싶은가?' '나는 무엇을 중요하게 여기며 살고 싶은가?'와 같은 가치에 관한 목표입니다.

예를 들어, 이런 목표들입니다.

- 나는 후배들에게 따뜻한 선배가 되고 싶다.
- 나는 일과 삶의 균형을 지키며 살고 싶다.
- 나는 환자에게 진심으로 공감하는 간호사가 되고 싶다.
- 나는 가족과의 시간을 소중히 여기며 살고 싶다.

가치 목표는 자격증이나 직급처럼 눈에 보이지 않습니다. 하지만 실제로 우리 삶의 만족도를 결정하는 것은 바로 이런 가치목표들입니다.

8년 차 간호사 C의 이야기를 들어볼까요. C는 3년 전 전문간호사 자격증을 땄습니다. 주변에서 다들 준비해 놓으면 좋다고 해서 생각보다 많은 시간과 에너지를 투자했습니다. 자격증은 취득했지만 스스로 만족스럽지 않았습니다. "뭔가 허전해요. 자격증은 땄는데… 뭐가 달라졌나 싶어요."

반면 같은 시기에 자격증을 준비한 D는 조금 달랐습니다. D도 전문간호사를 준비했지만 다른 목표도 있었습니다. '나는 중환자실에서 환자 가족들에게 따뜻한 위로를 줄 수 있는 간호사가 되고 싶다.' 이 목표는 자격증 취득 여부와 상관없이 매일 실천할 수 있는 것이었습니다. 보호자와 대화할 때 조금 더 경청하고, 설명할 때 조금 더 친절하게, 힘든 순간에 손을 잡아주는 것. D는 오늘도 내가 원하는 간호사로 한 발짝 나아갔다는 만족감을 느낍니다.

성과 목표와 가치 목표, 둘 다 중요합니다. 이상적인 것은 이 둘이 연결되는 것입니다. 전문간호사가 되고 싶다는 성과 목표와 환자에게 더 나은 케어를 제공하고 싶다는 가치 목표를 함께 세울 때, 내가 원하는 방향으로 기회가 주어집니다.

이 시기를 덜 흔들리게 돕는 네 가지 시선

20대 후반에서 30대 초반을 지나며 많은 분들이 비슷한 고민을 마주합니다. 분명히 열심히 살아가고 있는데, 어딘가 모르게 막연하고, 어쩐지 초조하며, 앞으로의 방향이 선명하게 보이지 않는 답답함이 반복되는 시기입니다. 이러한 감정은 개인의 취약함이 아니라, 성인 발달에서 자연스럽게 등장하는 하나의 전형적인 징후에 가깝습니다. 이 시기를 지나가는 분들의 이야기를 들어보면, 겉으로는 안정적으로 일하고 관계를 유지하는 것처럼 보이지만 속으로는 이런 질문들을 마음 한 켠에 가지고 있습니다.

'지금 잘 가고 있는 게 맞을까?' '내가 원하는 삶이 따로 있는 것 같은데 잘 모르겠다.' '뭔가 성장해야 할 것 같은데, 뭘 해야 할지 모르겠다.'

이런 고민들은 능력 부족이나 현재에 만족하지 못하기 때문에 생기는 것이 아니라, 삶의 방향을 다시 고민해야 하는 시기 때문이기도 합니다. 고민이 복잡하지만, 이 시기를 어떻게 바라보면 좋을지 돕는 몇 가지 관점들이 있습니다. 이 시선들은 문제의 크기를 줄이기보다는, 문제를 둘러싼 맥락과 의미를 새롭게 조명해줍니다. 이 시기의 고민을 더 건강하고 넓은 관점에서 바라볼 수 있도록 돕습니다.

첫 번째 시선: 혼란은 성장의 일부라는 해석

20대 후반에서 30대 초반에 찾아오는 막막함과 혼란은 개인의 취약성이나 무능력에서 비롯된 것이 아닙니다. 발달심리학에서는 이 시기를 초기 성인기의 주요 전환기(Early Adult Transition)라고 부르며, 많은 사람들이 공통적으로 혼란을 경험하는 시기로 설명합니다. 이 전환기는 특정 개인에게만 나타나는 예외적 현상이 아니라, 성인이 되는 과정에서 반드시 거치게 되는 발달 단계 중 하나에 가깝습니다.

이 부분을 조금 더 깊이 들여다보기 위해, 발달심리학의 대표 연구자인 대니얼 레빈슨(Daniel Levinson)의 성인발달이론을 참고해볼 수 있습니다. 레빈슨은 수십 년간의 심층 인터뷰와 종단 연구를 통해 성인의 삶을 단계적으로 설명하며, 20대 후반과 30대 초반을 인생 구조를 재평가하는 시기(Restructuring of Life Structure)라고 명명했습니다.

레빈슨에 따르면, 사람은 20대에 대략적인 초기 인생 구조(Early Life Structure)를 형성합니다. 이 구조 속에는 다음과 같은 요소들이 포함됩니다.

- 어떤 직업을 선택할 것인가?
- 어떤 관계를 중심에 둘 것인가?

- 어떤 생활방식을 살아갈 것인가?
- 어떤 목표를 우선할 것인가?

이 시기에는 학교, 병원, 조직이 제시하는 비교적 명확한 기준과 시스템 속에서 삶이 움직입니다. 졸업 후 취업, 일터에서의 적응, 1·3·5년 차라는 단계가 자연스럽게 주어지기 때문에 '나는 무엇을 원하는가?'를 깊이 고민할 기회가 많지 않습니다. 그런데 초기 인생 구조는 영구적인 설계도가 아닙니다. 레빈슨은 대부분의 사람들이 30세 즈음에 이 구조를 다시 열어보고 재구성하려는 시기를 겪는다고 말합니다. 이 시기가 바로 많은 분들이 느끼는 막연함의 정체입니다.

- 지금 하는 일을 계속할 수 있을까?
- 지금의 선택이 앞으로의 나에게 어떤 의미가 있을까?
- 내가 원하는 삶이 따로 있는 것 같지만 잘 모르겠다.

이 질문들은 모두 새로운 인생 구조로 이동하기 위한 내적 과정에서 자연스럽게 나타나는 징후입니다.

전 생애 발달 관점에서 보면 이러한 혼란은 더 깊이 있는 자기 삶을 설계할 준비가 되었다는 의미입니다. 고민되고 뭔가 맞지 않는 것 같은 느낌은 실패나 잘못된 선택의 결과가 아니라, 성인의 삶이 자연스럽게 다음 단계로 이동하고 있다는 긍정적인 발달 신호입니다. 발달심리학 관점은 우리가 경험하는 혼란을 다른 시각으로 바라보도록 돕습니다.

예를 들면 불안한 마음과 생각을 다음과 같이 전환해볼 수 있습니다.

생각	발달심리학 관점으로 해석했을 때
'왜 나만 이렇게 불안한 거 같을까?'	대부분의 사람이 이 시기에 비슷한 감정을 경험합니다.
'나는 왜 이렇게 흔들릴까?'	이제는 외부 기준이 아니라 나만의 삶을 설계해야 할 시기이기 때문입니다. 흔들림은 전환의 시기를 알려주는 신호입니다.
'도대체 뭘 선택해야 하지?'	이 질문이야말로 다음 10년을 위한 건강한 출발점입니다.

무엇보다 중요한 것은, 이 전환기는 특정한 대답을 빨리 찾아야 하는 시기가 아니라는 점입니다. 오히려 자신을 탐색하고 방향을 조정하는 충분한 시간이 필요한 시기입니다.

두 번째 시선: 고민의 중심에는 가치의 변화가 있다는 이해

20대 후반에서 30대 초반에 경험하는 혼란을 자세히 들여다보면, 그 고민의 중심에는 단순한 진로 선택이 아니라 가치의 재정렬이라는 깊은 흐름이 자리하고 있습니다. 사람들은 흔히 '무엇을 선택해야 할까?'라는 질문을 붙잡고 자신의 혼란을 설명하려 하지만, 실제로 이 시기에는 '나는 어떤 가치 위에서 앞으로의 삶을 살아가고 싶은가?'라는 더 본질적인 질문이 수면 위로 떠오릅니다.

이러한 변화는 개인의 기질이나 특정한 사건 때문에 생기는 것이 아니라, 성인 발달 과정에서 매우 보편적으로 찾아오는 변화입니다. 이 시기에는 가치·정체성·삶의 기준이 재구성되는 일이 자연스럽게 일어납니다.

에릭슨(Erikson)의 성인발달 이론에서도 이 시기는 정체성을 더 깊이 성찰하고 관계·일·삶의 지속성을 결정하는 중요한 단계로 설명했고, 최근 성인발달 연구자들은 이를 전환기(Transition Period)라고 부르기도 합니다. 지금 겪는 고민은 개인의 능력 문제가 아니라 살아가는 기준이 외부에서 내부로 이동하는 과정의 일부입니다.

20대 연구를 오랫동안 해온 멕 제이(Meg Jay) 교수는 이 시기가 단순한 경험 축적의 단계가 아니라 삶의 구조를 다시 짜는 시작점이라고 강조합니다.[28] 정체성과 가치가 본격적으로 정렬되는 시기,

외적 성취가 기준이 되던 삶에서 내부 가치가 중심으로 떠오르는 시기라는 것입니다. 실제로 이 시기에 사람들은 다음과 같은 질문을 자연스럽게 떠올립니다.

- 나는 하루 중 가장 에너지를 쓰는 활동에서 자율성을 느끼고 있는가?
- 내가 만든 관계의 방식은 내가 원하는 삶의 모습과 연결되어 있는가?
- 나는 어떤 의미 안에서 일하고 싶은가?
- 나는 어떤 감정적 리듬을 갖고 살고 싶은가?
- 그리고 무엇보다, 나는 어떤 사람으로 살아가고 싶은가?

이러한 질문들은 삶을 바라보는 기준 자체가 바뀌고 있다는 증거입니다. 그래서 이 시기의 고민을 해결하기 위해 필요한 것은 정답을 찾는 것이 아니라, 내가 어떤 가치에 기반해 선택을 평가하고 싶은가를 먼저 명확히 하는 일입니다.

이때 도움이 되는 질문이 있습니다. "10년 후, 나는 어떤 모습으로 살아가고 있기를 바라는가?" 이 질문을 던지면 많은 분들이 처음에는 막막함을 느낍니다. "잘 모르겠는데요. 구체적으로 상상이 안 되는데요." 하지만 시간을 두고 이 질문을 붙잡고 있으면, 이것이 지금의 고민을 정리하는 가장 강력한 기준점이 된다는 것을 발견하게 됩니다.

선택은 항상 복잡할 수 있지만, 내가 중요하게 여기는 가치를 알고 나면 그 선택을 판단할 기준은 훨씬 단순해집니다. 이러한 시선이 자리 잡기 시작하면, 고민의 방향성이 '무엇이 더 유리할까?'에서 '무엇이 나다운 선택인가?'로 바뀝니다. 이 변화는 외부의 속도와 비교로부터 조금 벗어나 내가 원하는 삶의 방향을 스스로 만들어 가도록 돕습니다.

세 번째 시선: 큰 목표보다 작은 전진이 방향성을 더 선명하게 만든다는 이해

20대 후반과 30대 초반에 접어들면서 많은 사람들이 비슷한 고민을 하게 됩니다. 지금보다 나아지고 싶다는 욕구는 분명한데, 무엇을 해야 할지는 잘 모르겠다는 막막한 마음입니다. 이때 흔히 떠올리는 접근 방식은 큰 목표를 세워야 한다는 압박입니다.

'전문간호사가 되어야겠지' '대학원에 진학해야 하지 않을까' '3년 안에는 이직을 해야 할 것 같아'와 같은 큰 목표들이 머릿속을 가득 채웁니다. 이런 큰 목표들은 장기적인 방향성을 설정하는 데

는 도움이 되지만, 막상 시작하려고 하면 도저히 손에 잡히지 않는 막막함을 남기기도 합니다. 달성까지의 길이 낯설고 멀기 때문에 불안이 더 커지고 행동은 오히려 주저됩니다.

테레사 아마빌레(Teresa Amabile) 교수가 제시한 전진의 법칙 (Progress Principle)은 사람의 동기는 성취의 크기보다 전진하고 있다고 느낄 때 더 강하게 일어난다고 말합니다. 사람은 거대한 성과를 이루었을 때보다, 오늘 내가 조금이라도 나아갔다고 느낄 때 더 안정적으로 행동을 이어갑니다.

심리학에서도 작은 성취(small wins)는 자기효능감을 강화하고, 정체성을 재구성하며, 장기적인 선택을 지속할 수 있게 하는 핵심 요인으로 설명됩니다. 이는 방향이 먼저 만들어지고 움직임이 생기는 것이 아니라, 움직임이 반복되면서 방향이 구조화된다는 것을 의미합니다.

그래서 목표를 바라볼 때 과정에 초점을 맞추는 것이 도움이 됩니다. 과정 목표(Process Goals)는 결과 목표처럼 언젠가 달성되기를 기다리는 목표가 아니라, 오늘 내가 실행할 수 있는 행동에 기반한 목표입니다. 내가 통제할 수 있는 것들로 목표를 구성하는 방식입니다.

예를 들면 이런 형태입니다.

목표 분야	과정 목표(Process Goals) 예시
커리어	매주 두 번, 퇴근 후 20분씩 내가 관심 있는 간호 분야 (예: 중환자, 호스피스, 교육 간호사)의 자료나 논문을 읽고 핵심 문장 세 개를 메모한다. 월 1회, 내가 존경하는 선배나 다른 분야 간호사와 30분 커피챗을 한다.
관계	매일 근무 중 동료에게 "고마워" 또는 "수고했어"를 한 번씩 말한다. 주 1회, 점심시간에 평소 잘 안먹던 동료에게 먼저 "같이 먹을래요?"라고 제안한다. 갈등 상황이 생기면 즉각 반응하지 않고 3초 쉬었다가 대답한다.
자기 돌봄	하루 10분, 퇴근 후 오늘 있었던 중요한 감정과 선택을 노트에 기록한다. 매일 밤 11시 전에 침대에 눕는다(잠들지 않아도 괜찮다). 주 2회, 출근 전 10분 스트레칭이나 산책, 운동을 한다.
리더십 개발	매주 회의에서 후배 의견에 질문을 한 번 더 한다. 월 1회, 후배와 15분 1:1 대화 시간을 갖는다. 프리셉터 역할을 할 때, 피드백 전에 "먼저 선생님 생각을 들어볼게요"라고 말한다.
성장	매달 1일, 이번 달의 키워드(회복, 성장, 균형 등) 하나를 정하고 핸드폰 메모에 적어둔다. 분기마다 1회, 지난 3개월을 돌아보며 '나는 무엇이 달라졌나?' 한 문장을 적는다. 매일 3분이라도, 오늘 새롭게 배운 것 하나를 메모한다(예: 환자 케어 팁, 동료와의 대화에서 배운 것).
균형 찾기	매주 일요일 저녁, 다음 주에 내가 '힘 빼도 되는 일' 한 가지를 정한다. 3개월에 1회, 삶의 수레바퀴를 그려보고 가장 낮은 영역을 점검한다. 매일 3분, 출근길에 '오늘 나는 어디에 집중할 것인가?'를 생각한다.

이러한 작은 목표는 처음에는 가벼운 행동처럼 보이지만, 심리적·행동적 측면에서 중요한 특징을 갖습니다.

첫 번째로, 과정 목표는 즉시 실행 가능하고, 내가 통제할 수 있는 결과를 제공합니다. 병원 환경은 예측 불가능하고 근무 패턴도 일정하지 않기 때문에 장기적인 결과 목표만 붙잡고 있으면 마음만 앞서고 행동은 미뤄지기 쉽습니다. 반면 과정 목표는 일정 변화에도 불구하고 오늘 할 수 있는 것을 만들어 주기 때문에 목표를 삶 속에 안정적으로 녹여 넣을 수 있게 합니다.

두 번째로, 반복되는 작은 성취는 정체성을 바꾸는 힘을 갖습니다. 하루 10분의 기록, 15분 대화는 눈에 띄지 않는 행동처럼 보일 수 있지만, 이러한 반복은 '나는 스스로를 관리할 수 있는 사람이다' '나는 배움을 이어가는 사람이다'라는 정체성을 천천히 구축합니다. 작은 전진이 쌓일 때 큰 결정에 대한 부담이 줄어들고, 선택의 방향도 자연스럽게 선명해집니다.

세 번째로, 과정 목표는 삶의 변동성 속에서도 유연하게 유지될 수 있는 구조를 제공합니다. 근무 일정이 갑자기 바뀌거나, 예상치 못한 개인적 변화가 생기더라도, 과정 목표는 강도나 방법을 조절하여 이어갈 수 있습니다. 목표를 포기하지 않고 조정하는 방식으로 접근할 수 있다는 점에서 장기적인 지속 가능성이 뛰어납니다.

이러한 전진의 리듬이 만들어 내는 변화는 생각보다 강력합니다. 처음에는 단순히 미세한 움직임처럼 보이지만, 일정 기간이 지나면 이 작은 움직임들이 방향의 흐름을 형성합니다. 어느 한 시점에

　　　　　　　　　　　　　　　　　　　　오늘 마음

갑자기 깨닫게 됩니다. 내가 조금씩 나아가고 있다는 느낌이 장기적인 목표를 해낼 수 있는 동력이 되었다는 것을요. 그 느낌이 곧 다음 선택을 더 담대하게 만들어줍니다. 이 시선이 자리 잡으면 우리는 더 이상 큰 목표를 세울 수 없어서 불안하다고 느끼지 않게 됩니다.

네 번째 시선: 균형은 하루가 아니라 시간의 흐름에서 완성된다는 이해

30대에 들어서면 삶의 여러 역할이 동시에 확대되기 시작합니다. 직장에서는 책임과 기대가 늘어나고, 가정에서는 배우자·부모·혹은 양육자로서의 역할이 생겨납니다. 관계는 더 복잡해지고, 자기계발에 대한 요구도 커집니다.

여러 역할이 충돌할 때 가장 먼저 떠오르는 감정은 죄책감입니다. 가정에서는 충분히 잘하고 있지 못한 것 같고, 직장에서는 기대만큼 해내지 못하는 것 같으며, 스스로를 위한 시간은 늘 뒤로 밀리는 느낌이 듭니다. 많은 분들이 이때 균형을 이루지 못하는 자신에게 실망하거나, '왜 나는 다 잘하지 못할까?'라는 자책으로 이어지기도 합니다. 하지만 균형은 하루나 일주일 단위의 정교한 배분이 아니라, 길게 흐르는 시간 속에서 완성되는 구조에 가깝습니다.

이때 도움이 되는 시선이 바로 '의식적 치우침'입니다. 사람은 어느 순간에도 모든 역할에 동일한 비중으로 에너지를 쓸 수 없습

니다. 그러므로 지금 시기에 어떤 역할을 우선할지 의도적으로 선택하는 것이 중요합니다. 이 선택은 다른 역할을 소홀히 하겠다는 의미가 아니라, 당장의 자원(시간·체력·정서적 여유)을 가장 필요한 곳에 배분하겠다는 전략적 판단입니다.

예를 들어 보겠습니다.

- 올해부터 1년은 전문성 강화에 집중한다. 대신 가족에게 이 기간의 목적과 이유를 충분히 설명한다.
- 최근 몇 년간 일이 과도하게 중심이 되었으니, 다음 해는 회복과 관계의 안정에 우선순위를 둔다.
- 지금은 성장보다는 생활의 기반을 단단히 다지는 시간이 필요하다.

10년 차 E 간호사는 이렇게 말했습니다. "작년까지는 전문간호사 시험 준비에 집중했어요. 솔직히 그 1년은 아이랑 거의 못 놀았어요. 하지만 남편이랑 미리 이야기했어요. '올해는 시험에 집중할 거야. 내년부터는 다시 가족 시간을 늘릴게.' 그렇게 약속하니까 죄책감이 줄더라고요. 그리고 지금은 합격했고, 올해는 의도적으로 아이랑 시간을 많이 보내고 있어요. 완벽한 균형은 아니지만, 시기마다 집중하는 게 다른 거라고 생각하니까 마음이 편해졌어요.”

이 상황에서 추천하는 도구는 삶의 수레바퀴(The Wheel of Life)입니다. 삶의 수레바퀴 도구는 커리어, 가족, 인간관계, 건강, 재정, 성장, 여가·회복, 삶의 의미 등 여러 삶의 영역을 0점에서 10점까지 점수화하여 시각적으로 확인하는 방법입니다.

이 과정을 거치면 다음과 같은 통찰을 얻게 됩니다.

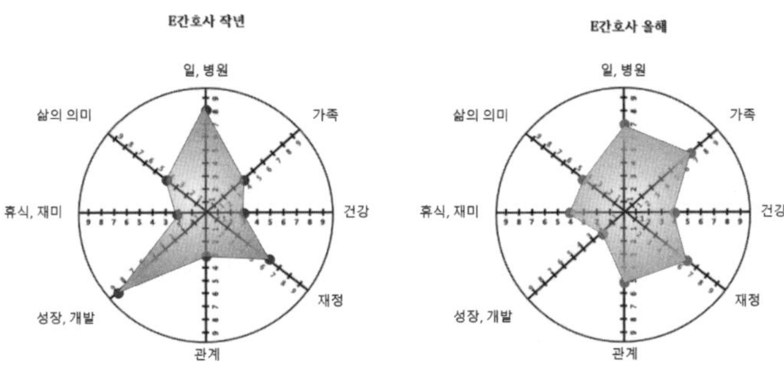

삶의 수레바퀴(The Wheel of Life) 예시

- 지금 내 에너지가 가장 많이 쓰이는 곳은 어디인가?
- 내가 오랫동안 방치해 두었던 영역은 어디인가?
- 현재의 상태가 불균형인지 아닌지가 아니라, 왜 그런 구조가 되었는가?

• 앞으로 1~2년 동안 어떤 영역에 집중하는 것이 나에게 필요한가?

7년 차 F 간호사는 삶의 수레바퀴를 그려본 후 이렇게 말했습니다. "커리어는 8점, 건강은 3점, 관계는 4점, 여가는 2점이 나왔어요. 보는 순간 '아, 내가 이렇게 힘들었구나.' 싶더라구요. 일에만 치우쳐 있었던 거예요. 그래서 올해는 의도적으로 건강과 여가를 올리기로 했어요. 주 2회는 무조건 운동하고, 한 달에 한 번은 친구들 만나고. 커리어는 8점에서 7점으로 조금 내려갈 수 있지만, 대신 전체적인 삶은 더 나아질 것 같아요."

삶의 수레바퀴는 완벽한 균형을 추구하는 도구가 아닙니다. 오히려 현재의 삶을 있는 그대로 바라보게 해주는 거울입니다. 이 거울을 통해 '지금 이 시기에는 어떤 역할을 우선해야 하는가?'라는 판단을 보다 명확하게 내릴 수 있습니다. 무엇보다 이 도구가 주는 가장 중요한 메시지는 모든 영역에서 10점을 받을 필요가 없고 그렇게 하면 '안된다'는 것입니다.

혹은 지금 치우쳐 있는 삶도 잘못된 것이 아니라는 것입니다. 균형은 하루 단위가 아니라 1년, 3년, 그리고 10년이라는 시간의 흐름 속에서 완성됩니다. 한 시기에는 일에 치우칠 수 있고, 다른 시기에는 가족이나 회복에 더 몰입할 수 있습니다. 이 치우침이 의식적 선택일 때, 삶은 불균형이 아니라 리듬을 갖도록 도울 것입니다.

| 30~40대, '좋은 관계'라는 목표도 좋은 목표입니다

30대에 접어들면 많은 분들이 공통적으로 관계의 무게가 커진다는 경험을 합니다. 업무는 익숙해졌고, 감당해야 할 기술적 과업은 크게 흔들리지 않지만, 사람과 사람 사이에서 발생하는 문제는 쉽게 해결되지 않는다는 사실을 깨닫게 됩니다. 예를 들어, 신입 간호사 때는 업무를 배우는 것 자체가 힘들었지만, 5년 차가 되면 업무는 익숙해집니다.

하지만 '왜 저 선배는 나한테만 이렇게 대하지?' '동기와 관계가 어색해졌는데 어떻게 풀어야 하지?' '후배가 내 말을 안 듣는데 어떻게 리드해야 하지?'와 같은 관계 문제는 오히려 더 복잡하게 느껴집니다. 직장에서의 업무 갈등, 선후배와의 소통, 가정 내 역할 조정, 부모와의 관계 재정립 등 관계가 차지하는 비중이 이전보다 훨씬 커지며, 관계가 생활 전반에 영향을 미친다는 점이 분명하게 드러나는 시기이기도 합니다.

발달심리학에서는 이 시기를 친밀감의 발달과업이 중심에 떠오르는 단계로 설명합니다. 에릭슨은 성인 초기의 핵심 과업을 '친밀감 대 고립(intimacy vs isolation)'으로 보았는데, 이는 단순한 감정적 밀착이 아니라, 원하는 사람들과 건강하고 안정적인 방식으로 연결되고, 적절한 심리적 경계를 유지하며 관계를 선택·조정하는 능력을 의미합니다. 다시 말해, 이 시기의 핵심은 관계의 양이 아니라 관계의 질을 재구성하는 능력입니다. 20대 초반처럼 동기들과 모두 친하게 지낼 필요는 없습니다. 대신 '나는 누구와 깊은 관계를 유지하고 싶은가?' '이 사람과의 관계에는 어떠한 적절한 거리가 필요한가?'를 선택하고 조정하는 능력이 필요합니다.

관계의 질은 삶의 만족과 직결됩니다. 관계는 부가적인 것이 아니라 삶의 만족에 결정적인 영향을 주는 요소입니다. 그럼에도 많은 사람들이 관계를 목표로 다루는 일에는 익숙하지 않습니다. 관계는 성격이나 타고난 배경이 대부분을 결정한다고 생각하기 때문입니다. '나는 원래 내성적이라서' '나는 원래 사람 만나는 게 어려워서'라고 말하며 관계를 바꿀 수 없는 것으로 여깁니다.

그러나 많은 연구들에 따르면 관계 기술은 학습되는 영역이며, 성인기에도 충분히 향상될 수 있는 능력입니다. 다만 다른 성장 영역에 비해 조금 느리고 점진적으로 변화한다는 특성이 있습니다. 그 이유는 관계가 개인의 오래된 습관과 자동화된 반응 체계에 깊이 연결되어 있기 때문입니다. 관계의 변화를 시작하는 가장 현실적인 출발점은 패턴의 관찰입니다. 많은 관계 갈등은 한 번의 사건에서 비롯되기보다 반복되는 반응 패턴에서 발생합니다.

 오늘 마음

예를 들면 이런 패턴들을 관찰하고 알아차리는 것입니다.

- 감정이 올라올 때 말을 멈추는 패턴: 화가 나면 나는 아무 말도 안 하고 자리를 피한다. 상대방은 더 답답해하고, 나는 더 회피하게 된다.
- 상대의 요구를 지나치게 수용하는 패턴: 동료가 부탁하면 거절을 못한다. 내 업무가 밀리고, 결국 피곤해서 그 동료를 피하게 된다.
- 갈등 상황에서 방어가 먼저 나오는 패턴: 선배가 피드백을 주면 "제가 뭘 잘못했나요?"라고 먼저 방어한다. 선배는 더 이상 피드백을 안 주게 된다.

개인은 일정하게 반복되는 행동 특성을 가지고 있습니다. 이 패턴을 인식하는 일은 관계 변화의 첫 단계이며, 작은 실험을 통해 새로운 반응을 시도할 수 있습니다. 관계 기술의 향상은 큰 결단이 아니라 작은 변화에서 시작됩니다.

새로운 반응을 시도하는 구체적인 예시입니다.

- 한 문장을 다른 방식으로 표현해보기: "왜 이렇게 했어요?" 대신 "이렇게 한 이유가 궁금해요."
- 감정을 조금 더 구체적으로 언어화하기: "화났어." 대신 "의도가 제대로 전달되지 않은 것 같아서 속상해."
- 갈등 상황에서 1~2초의 여유를 확보하기: 즉각 반응하지 않고 심호흡 한 번 하고 대답하기

이런 작은 조절이 반복되면 관계의 긴장이 완화되고 대화의 구조가 달라집니다. 예를 들어, 한 간호사는 선배와의 갈등이 있을 때마다 즉각 변명하는 패턴이 있었습니다. 이 패턴을 인식한 후, '일단 들어보고 3초 후에 대답하기'를 연습했습니다. 처음에는 어색하고 참는 게 힘들었지만, 3개월 후 선배와의 관계가 눈에 띄게 편해졌습니다. 선배도 "요즘 너랑 대화하기 편해졌다"고 말했습니다. 관계는 즉각적으로 변하지 않지만, 작은 변화가 누적될 때 확실한 개선을 경험하게 됩니다. 이 과정에서 전문적 도움은 관계 성장을 가속하는 중요한 요소가 됩니다.

학교나 직장에서 관계를 체계적으로 배우는 기회는 많지 않습니다. 코치나 경험 많은 선배 등 제 3자의 코칭이나 조언을 받아들이는 과정은 관계 패턴을 정확하게 이해하고, 구체적인 개선 전략

을 실행하는 데 큰 도움이 됩니다.

예를 들어, 한 간호사는 '나는 왜 항상 동료들과 갈등이 생기지?' 라고 혼자 고민했습니다. 하지만 코칭을 받으면서 자신이 '감정을 표현하지 않고 쌓아두다가 한꺼번에 폭발하는 패턴'이 있다는 것을 발견했습니다. 이후 작은 불편함을 그때그때 표현하는 연습을 했고, 6개월 후 동료 관계가 크게 개선되었습니다. 관계는 혼자만의 성찰로 변화시키기 어려운 영역이며, 적절한 도움을 받을 때 변화의 속도와 안정성이 높아집니다.

마지막으로 관계 목표를 설정할 때 중요한 원칙은 성취 중심이 아니라 과정 중심의 접근이어야 한다는 것입니다.

예를 들어, 이렇게 바꿀 수 있습니다.

결과 목표	과정 목표
동료와 더 잘 지내기	회의에서 동료 의견에 한 번 더 질문하기
선배와 친해지기	선배에게 주 1회 메시지 보내기
갈등 없이 지내기	갈등 상황에서 내 반응 패턴을 노트에 기록하기
경청 잘하기	상대방이 말할 때 내 이야기로 끼어들지 않고 끝까지 듣기
감정 표현하기	일주일에 한 번, 내 감정을 한 문장으로 표현해보기
평판 관리하기	동료에게 하루 한 번 "고마워"라고 말하기

관계의 질이 좋아질 때, 사람들은 가장 먼저 자신이 달라졌다는 점을 체감합니다. 관계는 30대에 본격적으로 다듬어져야 하는 중요한 성장 영역입니다. 이 시기에 관계 능력을 재정비하고, 반복되는 패턴을 점검하고, 작은 실험을 통해 새로운 방식을 시도하는 일은 성인기 전체 삶의 구조를 안정시키는 기반이 됩니다. 관계는 빠르게 변하지 않지만, 분명히 변하고, 변화의 결과는 삶 전체에서 가장 큰 만족을 제공합니다.

12장

선택, 그 이후도 중요합니다

저는 끈기가 부족한 것 같아요

J 간호사는 올해 큰 결심을 했다. 중환자실 3년 차가 되어서 올해는 파트장님과도 꼭 심전도를 마스터하기로 약속했다. 선배로부터 책도 받고, 파트장님이 추천해주신 스터디 그룹에도 들어갔다. 그런데 한 달 후부터 문제가 생겼다. 나날이 핑계가 쌓여가고 있다. 야간 근무 한 날은 책상에 앉을 여력이 없고 스터디 그룹은 근무 패턴과 맞지 않아 며칠을 빠졌더니 눈치도 보이고 재미가 없어서 두 달째 참여하지 못하고 있다. 저녁에 시간되는 날 마음먹고 책상 앞에 앉아도 집중이 되지 않아 핸드폰만 붙들고 있다.

7년 차 K 간호사도 비슷하다. 간호학 석사 과정을 신중하게 결정했다. 여러 학교를 알아보고, 전공도 선배들에게 조언을 얻고 고민해서 선택했다. 1학기 때만 해도 "잘 선택했다"는 생각에 열정이 가득했다. 2학기부터 예상치 못한 일이 생겼다. 통계 수업이 이렇게 어려울 줄 몰랐다. 병동 업무와 과제를 병행하는 것도 생각보다 힘들었다. 과제가 밀리고, 교수님께 연락드리기도 부담스러웠다. 이렇게 나머지 학

새로운 것을 시도할 때 많은 고민과 결심 끝에 시작하게 됩니다. 하지만 이내 내가 하던 습관대로 되돌아가거나 혹은 금방 지쳐버리는 경험을 합니다. 이럴 때 우리는 '내가 잘못 선택했나? 괜히 했나?' '나한테 안 맞나 봐. 돈과 시간만 낭비한 것 같아' 등의 생각을 하게 됩니다. 하지만 정말 선택이 잘못된 걸까요? 3개월 전, 그때의 선택은 좋은 선택이었을 것입니다.

20대를 상담하고 연구한 멕 제이(Meg Jay) 교수는 "올바른 선택을 하려고 하는 것도 중요하지만, 내가 한 선택을 올바르게 만드는 게 훨씬 더 중요합니다"라고 말했습니다. 완벽한 선택을 찾아 헤매기보다, 선택한 것을 끝까지 해내는 것이 더 중요할 수 있습니다.

❘ 꾸준함을 방해하는 것들

새로운 목표는 설렙니다. 책을 사고, 계획을 세우고, 주변 사람들에게 말하는 순간에는 확신에 차 있습니다. "이번에는 해낼 거야. 다를 거야." 하지만 열정은 오래가지 않습니다. 한 달이 지나면 새로움은 익숙함으로 바뀌고, 남는 것은 '해야 한다'는 의무감뿐입니다. 심리학에서는 이것을 동기 감소(Motivation Decline)라고 부릅니다. 사람의 동기는 시간이 지나면서 자연스럽게 감소하는 경향이 있습니다.

특히 목표까지의 거리가 멀고, 결과가 즉시 보이지 않을 때 동기는 더 빠르게 약해집니다. 문제는 동기가 약해지는 것보다 우리가 이런 현상을 내가 잘못 선택했다는 방향으로 해석한다는 것입니다. '재미가 없네. 이런 부분이 나랑 안맞네. 계속 하기에는 이런 부분이 걸리네. 이것을 하려면 다른 일에 너무 방해가 되는 것 같은데 왜 이 생각은 못했지?' 무언가를 지속하다 보면 어려움이 생기기 마련입니다. 그 과정에서 핑계거리는 백만 가지도 넘게 찾을 수 있습니다.

여기에 완벽주의가 더해지면 상황은 더욱 악화됩니다. 완벽주의자들은 전부 아니면 전무(All or Nothing)로 생각하는 경향이 있습니다. 매일 1시간씩 실천하기로 한 것을 못 지키면, 아예 안 하는 것과 같다고 느끼는 것이죠. 하루라도 계획을 지키지 못하면 무게감이 더욱 심해집니다. '어제 못 했으니까 오늘 2시간 해야 하는데…' '오늘은 저녁도 못 먹었는데… 내일 하자' '이미 이틀이나 못 했는데… 이번 주는 피곤하니 쉬고 다음 주부터 하자' 이렇게 완벽주의는 행동을 마비시킵니다.

수치심과 완벽주의를 연구한 브레네 브라운(Brené Brown)은 "완벽주의는 성취를 가로막는 가장 큰 장애물입니다. 완벽주의는 '나는 충분하지 않다'는 믿음에 기반합니다"라고 말했습니다. 완벽주의는 스스로에게 불가능한 기준을 부여하고, 그 기준에 미치지 못할 때 자신을 가혹하게 심판합니다. 조금이라도 하는 것과 아예 안 하는 것은 천지 차이인데도 말입니다.

완벽하게 하려다가 아예 포기하는 것보다, 대충이라도 마무리 짓거나 계획보다 어설프더라도 지속해 본 경험 우리 모두 있을 것입니다. 지나고 나서 포기하는 것보다는 낫다는 것을 알고 있지만 또다시 시작할 때는 '이렇게 못할 바에는 안하는 게 낫겠다'라는 생각을 다시 하게 됩니다.

또 다른 문제는 목표와 계획을 혼동하는 것입니다. "전공을 잘못 선택한 건가?"라고 고민한 K 간호사를 다시 보겠습니다. 목표

　　　　　　　　　　　　　　　　　　　　　　오늘 마음

는 있는데 계획이 없는 경우라고 할 수 있습니다. "석사 학위 받기"는 목표이지 계획은 아닙니다. 계획은 "오늘 저녁 7시부터 8시까지 통계학 3장을 읽고 연습문제 5개를 푼다."처럼 구체적이어야 합니다. 목표만 있고 계획이 없으면 허둥대게 됩니다.

어떤 날은 3시간 공부하고, 어떤 날은 아예 안 하고, 일관성이 없는 것은 괜찮지만 계획되지 않았다는 것이 더 중요한 부분입니다. 심리학자 김경일 교수는 목표와 계획의 혼동을 설명하며 이러한 예시를 들었습니다. "한 학기 공부했는데 어때?" 이 질문에 어떻게 대답하나요? "안 됐어" "너무 어려워"라고 대답한다면 계획 없이 공부했다는 뜻이라고요.

계획이 있으면 진도를 말할 수 있어야 합니다. "10개 챕터 중 7개 끝냈어요" "50% 정도 됐어요" 계획이 없이 목표만 있다는 증거는 성공과 실패, 즉 구체성이 없는 이분법으로 생각한다는 것입니다. 구체적인 계획이 보이지 않으면 조금씩 앞으로 나아가고 있다는 느낌을 받기가 어렵습니다. 그때의 막막함은 결국 포기로 이어질 가능성이 높습니다.

결과가 보이지 않을 때 불안의 마음도 커집니다. J는 공부하고 있지만 심전도 실력이 늘었는지 잘 모르겠습니다. 실제 환자 케이스에서 리듬을 봐도 여전히 헷갈립니다. 자연스럽게 이러한 생각이 듭니다. '공부를 하는데도 왜 이 모양이지?' '내가 잘못하고 있는 건 아닐까?' '괜히 한다고 했나? 이렇게 해서 마스터할 수 있을까?' 라고요. 즉각적인 피드백이 없으면 공부하고 투자한 만큼 나아지고 있는 건지, 잘못하고 있는 것은 아닌지 불안해집니다.

하지만 모든 나아짐과 성장이 바로 관찰되지는 않습니다. 임계점처럼 성장을 느끼는 순간이 있습니다. 《아주 작은 습관의 힘 Atomic Habits》의 저자 제임스 클리어(James Clear)는 "습관은 복리처럼 쌓입니다. 매일 1%씩만 나아져도 1년 후에는 37배 나아집니다"라고 말했습니다. 하지만 우리는 이 1%의 개선이 당장 관찰되거나 느껴지지 않습니다. 그래서 불안해지고 포기하고 싶어집니다. 눈에 보이는 변화가 없다고 해서 변화가 일어나지 않는 것은 아닙니다. 다만 그 변화가 아직 표면으로 드러나지 않았을 뿐입니다.

▎재시작을 돕는 것들

퇴근 후 집에 와서 소파에 앉습니다. 몸이 무겁고, 자연스럽게 핸드폰을 들여다보게 됩니다. '오늘은 그냥 쉬자' 이런 생각이 듭니다. 우리는 보통 이런 상태를 의지력의 문제로 해석합니다. 내 의지가 약해서 시작을 못 하는 거라고요. 하지만 이런 경험은 개인의

오늘 마음

성향 문제라기보다 뇌의 작동 방식과 더 깊이 연결되어 있다고 합니다. 뇌의 메커니즘을 이해하면, 시작은 훨씬 덜 부담스러운 일이 됩니다. 우리 뇌에는 측좌핵(Nucleus Accumbens)이라는 부위가 있습니다. 이 영역은 동기와 보상 시스템을 담당합니다. 흔히 '동기가 생겨야 행동한다'고 생각하지만, 실제는 그 반대에 가깝습니다. 행동이 먼저 시작될 때, 그 행동이 다시 동기를 만들어냅니다. 이것을 행동 활성화(Behavioral Activation)라고 합니다.

뇌과학 연구에 따르면 측좌핵은 약 10~15분 정도의 활동이 지속될 때 본격적으로 활성화됩니다. 다시 말해, 짧은 시간이라도 몸이 움직이기 시작하면 뇌가 점차 '이건 할 수 있는 일'로 인식하기 시작한다는 것입니다. 침대에 누워 있을 때는 아무것도 하기 싫지만, 세탁기를 돌리려고 한 번 일어나면 자연스럽게 다른 일도 이어서 하게 되는 경험이 여기에 해당합니다.

시작이 유독 어려운 이유는 뇌가 아직 작동 모드로 전환되지 않았기 때문입니다. 달리기를 해본 사람이라면 알 것입니다. 운동화를 신는 순간까지가 가장 어렵다는 말이 왜 나오는지 말입니다. 거기까지만 하면 반 이상은 성공입니다.

행동을 시작할 때 처음 5분은 특히 힘듭니다. 실제로 달리기를 시작한 뒤 초반 몇 분이 가장 부담스럽고, 일정 거리를 지나면 호흡과 리듬이 안정되면서 몸이 적응합니다. 심폐 기능과 에너지 대사가 운동 상태에 맞게 전환되기 때문입니다. 15분만 뛰어보자고 나갔다가 어느 날은 40분, 50분이 되기도 합니다. 행동 활성화의 핵심은 동기가 생길 때까지 기다리기보다는 짧은 행동으로 뇌를 깨우는 구조가 훨씬 안정적이라는 점입니다. 그래서 일단 15분만 해보는 것은 전략이 됩니다. 이러한 시도는 완벽주의나 시작의 장벽을 낮추는 데도 효과적입니다. 충분히 잘 해내는 것이 아니라 일단 시작하는 것이 목표입니다.

많은 사람들이 "시작은 했는데, 지속이 안 돼요"라고 이야기합니다. 실제로 문제는 시작이 아니라 유지 구조에 있는 경우가 더 많습니다. 의지가 약해서가 아니라, 구조가 지속할 수 있도록 설계되지 않았을 가능성이 있습니다. 시작한 것을 계속 해나가기 위해 세 가지 조정이 도움이 됩니다.

새해가 되면 많은 사람들이 여러 목표를 동시에 세웁니다. 운동, 공부, 독서, 생활 습관, 자기관리까지 한 번에 바꾸려고 합니다. 하지만 동시에 새로운 목표가 많아질수록 뇌는 부담을 느끼고, 실행력은 오히려 떨어집니다. 연구에 따르면 인간의 인지 시스템은 동시에 관리하는 목표가 3개 내외일 때 가장 효율적으로 작동합니다. 그 이상이 되면 주의 자원이 분산되고, 지속성이 급격히 낮아집니다.

 오늘 마음

첫 번째 조정은 목표 개수를 줄이는 것입니다. 목표를 3개 또는 3개 이하로 줄여보세요. 예를 들어, 일주일에 2회 30분 걷기(최우선), 주말에 책 한 챕터 읽기, 평일 아침 10분 일찍 일어나기. 나머지는 나중으로 미뤄두는 겁니다. 목표를 줄이면 부담이 줄고 에너지가 집중됩니다. 이 정도는 유지할 수 있겠다는 느낌이 생길 정도로 목표를 줄여보는 것입니다.

두 번째 조정은 기대치를 낮추는 것입니다. 한 간호사는 다른 부서로 로테이션하면서 완벽하게 업무를 해내고 숙달하는 것이 목표였습니다. 3개월 안에 다른 사람과는 좀 다르다는 것을, 사실은 이렇게 잘하는 사람이라는 것을 보여주고 싶었습니다. 하지만 질환에 대한 학습도 필요했고, 디테일한 프로세스들이 달라서 파악하고 익히는데 많은 시간이 필요했습니다. 그 과정에서 질문하지 않고 '비슷하게 하면 되겠지'라는 생각으로 처리했다가 반복되는 실수도 있었습니다. 완벽하게 로테이션을 적응한 모습을 보여주고 싶었던 목표는 오히려 '내가 이렇게까지 변화를 못하는 사람이었나?'라는 자기비난으로 연결되었습니다.

그래서 3개월 안에 완벽하게 업무를 해내겠다는 기준을 내려놓고 기대치를 조정했습니다. '여기서 1년 동안은 5년 차의 모습을 보여주지 않아도 괜찮아. 2~3년 차 수준의 퍼포먼스를 안정적으로 내는 것이 목표야. 실수를 줄이기 위해 기본 프로세스를 다시 점검하고, 모르는 것은 유추하지 말고 정확하게 확인하자. 질환 공부는 틈틈이 누적해가자'라고요. 기준이 바뀌자 전략이 바뀌었습니다. 잘 해내는 모습으로 보이는 것이 목표였을 때는 질문하지 못했는데, 적응하는 것이 목표가 되자 배우는 방향으로 움직였고 동료들과 자연스럽게 더 가까워졌습니다. 성장 구조에 맞게 기준을 재설계한 덕분이었습니다.

세 번째 조정은 시간을 늘리는 것입니다. 우리는 일의 소요 시간을 과소평가하는 경향이 있습니다. 심리학에서는 이것을 계획 오류(Planning Fallacy)라고 부릅니다. 사람은 항상 최선의 시나리오를 기준으로 시간을 예측하지만, 실제 현실은 변수와 지연이 필연적으로 발생합니다. 모든 일에는 시간이라는 변수가 필요합니다. 시간을 빼놓고 목표를 이야기할 수 없습니다.

P씨는 해외연수를 목표로 하며 영어 점수 준비를 시작했습니다. 신청 기한을 계산해보니 3개월 안에 목표 점수를 만들어야 했습니다. 병원 근무를 제외한 모든 시간을 영어 점수 준비에 집중하기로 마음먹었습니다. '이번 기회를 놓치면 안 된다'는 생각에 매일 의욕적으로 공부했습니다. 하지만 점수는 기대만큼 오르지 않았고, 모의고사 결과에 따라 감정 기복이 커졌습니다. 마음은 점점 불안

해졌습니다.

　어느 날 수간호사와 면담을 하게 되었습니다. "해외연수 기회가 올해만 있는 건 아닙니다. 지금부터 준비하면, 내년에 갈 가능성이 더 커질 겁니다. 선생님이 지금까지 쌓아온 평판과 신뢰, 그리고 건강을 잃으면서까지 이 일정을 밀어붙이는 건 추천하고 싶지 않습니다. 영어 스터디 모임 정보를 들었는데, 선생님이 생각나서요. 꾸준히 함께 갈 수 있는 동료가 있으면 훨씬 안정적으로 준비할 수 있을 것 같아서 추천하고 싶었습니다. 제 이야기를 듣고 어떤 생각이 드나요?"

　대화 이후 준비의 방향이 조금 다르게 생각하게 되었습니다. 시간을 다시 설계했고, 일정의 밀도를 조정했으며, 학습 방식을 재구성했습니다. 곰곰이 돌아보니, '올해 가고 싶다'는 목표만 있었던 것은 아니었습니다. 길게 준비하는 과정이 불안했고, 미루다 보면 포기하게 될 것 같다는 두려움으로 빠르게 끝내고 싶었던 마음이 컸다는 것도 인식하게 되었습니다. 무엇이 중요한지, 무엇이 필요한지 다시 고민한 끝에 영어 스터디 모임을 신청했습니다.

　충분한 시간을 설계하지 않은 목표는 구조적으로 무너질 가능성이 있습니다. 이 세 가지 조정은 지속 구조를 만드는 기본 골격입니다. 목표를 줄이면 집중할 수 있고, 기대치를 낮추면 포기하지 않게 되고, 시간을 늘리면 여유가 생깁니다. 이 여유가 우리를 슬럼프에서 건져냅니다. 슬럼프는 우리가 너무 많은 것을 빨리 완벽하게 해내려고 할 때 찾아옵니다. 목표가 과도하고, 기준이 높고, 시간이 촉박할수록 심리 시스템은 쉽게 붕괴됩니다. 구조를 단순화하고, 기준을 현실적으로 세워보고, 시간을 확장하면 지속 가능한 구조가 만들어집니다.

▎꾸준히 하는 사람들은 무엇이 다른가

앤젤라 더크워스(Angela Duckworth)는 오랫동안 성취를 지속해 온 사람들을 연구했습니다. 그들의 공통점은 무엇이었을까요? 그 연구에서 발견된 핵심 개념이 바로 그릿(Grit), 열정적 끈기입니다. 그녀는 그릿을 "역경과 실패 앞에서 좌절하지 않고 포기하지 않고 끈질기게 노력하는 마음의 근력."이라고 정의하였습니다. 그릿의 공식을 매우 단순하게 이야기합니다.

재능×노력＝기술(Talent x Effort＝Skill)

기술×노력＝성취(Skill x Effort＝Achievement)

　　　　　　　　　　　　　　　　　　　　　　오늘 마음

여기서 중요한 것은 노력이라는 요소가 반복적으로 작동한다는 점입니다. 성취는 단일 요인으로 만들어지기보다, 시간이 지나며 축적되는 구조 속에서 형성됩니다. 성장은 순간의 의욕이 아니라, 반복되는 선택과 습관의 누적으로 만들어집니다.

그녀는 그릿이 발달하는 과정에서 공통적으로 나타나는 네 가지 요소를 설명합니다. 관심(Interest), 연습(Practice), 목적(Purpose), 희망(Hope)입니다. 이 요소들은 동시에 형성되기보다는, 시간이 지나며 점진적으로 축적되고 연결되는 경향을 보입니다. 이 네 가지 요소를 하나씩 살펴보겠습니다.

첫째, 관심(Interest)입니다. 그릿의 첫 번째 요소는 진정으로 즐기는 것에서 시작됩니다. 여기서 중요한 것은 '열정'과 '관심'의 구분입니다. 열정은 강도가 높지만 지속성이 약한 감정입니다. 반면 관심은 강하지 않아 보여도 오래 유지됩니다. 관심은 호기심에서 시작됩니다. "이게 왜 이렇게 작동할까?" "여기서 더 나아가면 어떻게 될까?" 이런 질문들이 우리를 계속 앞으로 나아가게 합니다.

돈 때문에, 남들이 하니까, 부모님이 원해서 하는 일은 오래 지속되지 않습니다. 외부의 압력은 일시적인 동력은 될 수 있지만, 지속적인 연료가 되지 못합니다. 진정한 관심은 내면에서 우러나오는 자연스러운 소리 '이 일이 재밌다.' '이거 하면 시간 가는 줄 모르겠어.' 이런 마음이 들릴 때, 우리는 비로소 지속할 수 있는 기반을 갖게 됩니다.

둘째, 연습(Practice)입니다. 관심이 있다고 해서 저절로 실력이 늘지는 않습니다. 연습이 필요합니다. 하지만 여기서 말하는 연습은 단순한 반복이 아니라 어제보다 나아지려는 끈기입니다. 이때 중요한 태도가 성장 지향성(Growth Orientation)입니다. 현재 상태를 고정된 능력으로 보지 않고, 변화가능한 과정으로 인식하는 관점입니다. 현재는 단지 하나의 지점일 뿐이고, 내일은 조금 더 나아질 수 있다고 믿는 것입니다. '어제 몰랐던 것을 오늘 알게 됐어' '이전보다 안정적이다' '전보다 실수가 줄었다'는 인식이 쌓이면서 연습은 지속 구조가 됩니다. 연습은 실력을 만드는 과정이자, 자신을 인식하는 구조를 바꾸는 과정입니다.

셋째, 목적(Purpose)입니다. 연습이 오래 지속되기 위해서는 방향성이 필요합니다. 또 관심과 연습만으로는 긴 여정을 버티기 어렵습니다. 특히 힘들 때, 포기하고 싶을 때, 우리를 붙잡아주는 것은 목적입니다. 목적은 '왜 이 일을 하는가?'에 대한 개인적 해석입니다. 목적은 성과 목표가 아니라 의미 구조에 가깝습니다. 자격증, 성취, 성과 자체보다, 그것이 만들어낼 변화와 역할, 기여와 연결될 때 동기는 안정됩니다. 내 일이 나뿐 아니라 타인에게도 중요하

　　　　　　　　　　　　　　　　　　　　오늘 마음

다는 확신이기도 합니다. 빅터 프랭클(Viktor Frankl)은 "삶의 의미를 찾는 사람은 어떤 고난도 견딜 수 있다"고 말했습니다. 목적은 노력에 의미를 부여하고, 의미는 부담을 감내가능한 수준으로 전환합니다.

넷째, 희망(Hope)입니다. 지속의 과정에는 필연적으로 흔들림이 포함됩니다. 6개월 공부했는데 점수가 오르지 않을 때, 열심히 준비한 발표에서 실수했을 때, 최선을 다했는데 결과가 나쁠 때. 이럴 때 필요한 것이 희망입니다. 희망은 막연한 낙관이 아닙니다. 찰스 스나이더(Charles Snyder)는 희망을 '목표(goals)를 향한 경로(pathways)를 찾고, 그 경로를 따라갈 주도적 실행의지(agency)를 유지하는 능력'으로 정의했습니다.

희망이 있는 사람은 실패를 끝으로 보지 않습니다. '한 번 실패했다고 끝이 아니야. 뭘 못했는지 보고 다시 하면 돼.' 실패를 정보로 해석합니다. 약점을 파악하고, 그것을 보완하고, 다시 시도합니다. '나는 할 수 있다'는 믿음을 유지합니다. 희망이 있을 때 사람은 멈추기보다 구조를 바꿉니다. 방향을 수정하고, 방식을 재설계하며, 지속 가능한 경로를 다시 만듭니다. 희망은 관심을 발견할 때도, 연습을 지속할 때도, 목적을 추구할 때도, 희망이 필요합니다.

그릿은 관심, 연습, 목적, 희망이 서로 연결되면서 하나의 구조로 작동할 때 안정적인 지속력을 만들어냅니다. 이 네 가지 요소는 심리적 기반을 형성하지만, 목표 수준이 높아질수록 또 하나의 구조가 필요해집니다. 그것은 연습의 방식입니다. 같은 시간을 들이느냐보다, 어떤 구조로 연습하느냐가 성장을 결정합니다.

"1만 시간을 연습하면 전문가가 된다."는 말을 들어보셨나요? 말콤 글래드웰이 제시한 '1만 시간의 법칙'은 노력의 중요성을 강조한 개념이지만, 시간 자체가 성취를 보장하지는 않습니다. 연구가 반복해서 보여주는 것은 연습의 질이 성장을 결정한다는 점입니다. 동일한 행동의 반복은 숙련을 만들 수 있지만, 변화 없는 반복은 일정 수준 이후 정체를 만듭니다. 성장은 시간의 축적이 아니라 구조화된 학습의 축적에서 발생합니다.

앤더스 에릭슨(Anders Ericsson)은 전문가들의 연습 방식을 분석하며 이것을 의식적 연습 혹은 심층 연습(Deliberate Practice)이라고 정의했습니다. 의식적 연습은 네 가지 조건으로 구성됩니다. 첫째, 명료한 도전적 목표입니다. 막연한 목표가 아니라 구체적인 목표입니다. '심전도 공부하기'가 아니라 'CPCR이 필요한 리듬에 대한 연습문제 10개 풀기'처럼 명확해야 합니다.

둘째, 완벽한 집중입니다. 멀티태스킹이 아니라 한 가지에만 집중합니다. 핸드폰 보면서 공부하는 것이 아니라, 핸드폰 끄고 30분

오늘 마음

집중하는 것입니다. 셋째, 즉각적 피드백입니다. 틀린 것을 바로 확인합니다. 리듬 판독하고 다음 날 확인하는 것이 아니라, 판독하고 바로 정답을 보고, 왜 틀렸는지 분석합니다. 넷째, 반성과 수정의 반복입니다. 같은 실수를 반복하지 않기 위해 구조적으로 줄여가는 조정 과정이 포함됩니다. 틀린 리듬을 그냥 넘어가는 것이 아니라 노트에 정리하고, 다시 판독해보는 것입니다.

이 네 가지 요건이 동시에 충족될 때, 이 연습은 '의식적'이 됩니다. 의식적 연습은 불편합니다. 약점을 직면해야 하고, 집중이 깨지면 안되고, 불완전한 상태를 지속적으로 마주하게 됩니다. 우리는 종종 연습이라는 말을 사용하지만, 대부분의 경우 그것은 단순한 반복일 가능성이 있습니다. 같은 문제를 같은 방식으로 반복하는 것은 연습이 아니라 습관의 강화일 뿐입니다. 의식적 연습은 항상 현재의 능력 한계 바로 너머를 겨냥합니다. 할 수 있는 것을 반복하는 게 아니라, 할 수 없는 것을 할 수 있게 만드는 것입니다.

어떻게 하면 이렇게 에너지가 많이 드는 연습을 계속할 수 있을까요? 바로 습관화입니다. 같은 시간, 같은 장소, 같은 리듬에서 반복되는 행동은 점차 자동화됩니다. 뇌는 특정 시간과 공간을 특정 행동과 연결시키기 시작합니다. 습관이 되면 의지력이 덜 필요합니다. 생각하지 않아도 자동으로 하게 되어 시작이 어렵지 않게 됩니다.

메이슨 커리(Mason Currey)의 책 《리추얼(Daily Rituals)》에 나오는 창작자들은 일상의 의식을 통해 오랫동안 혼자 의식적인 연습을 꾸준히 해왔습니다. 일과표대로 움직이는 것이 그들의 습관이었습니다. 같은 시간과 장소에서 계속 연습하면 의식적으로 생각하며 시작했던 일이 점차 자동으로 하게 되어 작업을 수월하게 시작할 수 있습니다.

의식적 연습과 습관 구조가 결합되면, 성장은 개인의 재능 수준과 점점 분리됩니다. 니체가 "대가는 태어날 때부터 천재였던 것이 아니다. 그들은 작고 사소한 일을 제대로 해내는 법을 진지하고 철저하게 배웠고, 그 결과로서 비로소 위대해졌다"라고 말했듯이, 숙련은 타고난 능력보다 구조화된 학습의 결과에 가깝습니다. 의식적 연습은 평범한 사람을 탁월한 사람으로 만드는 유일한 경로입니다. 작은 단위를 정확히 익히고, 반복적으로 조정하며, 점진적으로 확장하는 방식이 축적될 때 전문성이 만들어집니다.

꾸준함은 성격 특성이 아니라 시스템의 결과입니다. 특별하지 않아 보이는 것들을 꾸준히 합니다. 그 방식은 누구나 배울 수 있습니다.

오늘 마음

5부

성장

–

마음을 키우다

:

**"나답게 성장하는
간호사로 살아가기"**

앞부분이 '설명과 도구'로 마음을 알아차리고 전환을 돕는 파트였다면, 5부는 '현장의 목소리'를 통해 우리가 같은 마음임을 확인하는 파트입니다. 우리는 책상 위 이론보다, 환자, 동료를 통해 더 많이 배우기도 합니다. 사례 해설보다 누군가의 사연 하나가 오래 남을 때가 많습니다. 이 파트는 현장의 목소리를 들려드리는 방식을 택했습니다.

이 파트의 글들은 완벽한 정답을 제시하지 않습니다. '나만 이런 것이 아니었구나' 하는 확인은 종종 묘하게 힘이 되고 기운 나게 해줍니다. 공감, 안도, 위로, 응원까지 된다면 기쁘고도 고맙겠습니다. 특히 고연차가 될수록, '나는 이제 괜찮아야 한다'는 기준 때문에 더 외로워지기 쉬운데, 그 외로움을 덜어 드릴 수 있기를 소망해 봅니다.

13장

성장과 보람을 선택한 사람들

간호사로서 성장했다고 느끼는 순간들

하루하루 여전히 힘듭니다. 오늘도 환자는 많고, 일은 끝나지 않으며, 몸도 피곤합니다. 그래서 성장했다는 걸 느끼지 못합니다. 매일 똑같은 것 같고, 여전히 부족한 것 같고, 나아지고 있는 건지 잘 모르겠어요. 그런데 돌아보니 무언가가 나도 모르는 사이에 쌓였더군요.

그냥 지나가는 평범한 날들, 후배와 나눈 짧은 대화, 동료와 함께 웃었던 순간, 힘들게 끝낸 프로젝트. 그때는 그냥 그런가 보다 했지만 시간이 지나고 보니 그 순간들이 저를 성장시킨 거예요. 크고 화려한 성취는 아니지만 작고 조용한 순간들이었습니다.

후배가 '배웠다'고 말할 때

신입 간호사를 가르치며 두 달을 보냈어요. 매일 똑같은 질문을 반복하는 신입 간호사 앞에서 인내심이 바닥날 때도 있었죠. '어제도 알려줬는데 오늘 또 물어보네.' 속으로 피로가 올라오고 가르치는 데에 신경 쓰다 보니 퇴근하면 녹초가 됐죠. 그런데 마지막 날, 프리셉티가 이렇게 말하는 거예요. "선생님 덕분에 많이 배웠어요. 저도 제 몫을 제대로 해내고 싶어요. 정말 감사합니다." 그 순간, 두 달 동안의 피로가 싹 가시며 '내가 누군가에게 이런 사람이 되었구나' 하고 참 좋았습니다.

이런 일도 있습니다. 한 프리셉티는 정말 느린 친구였어요. 이해하는데 시간도 걸리고, 같은 실수를 반복하고. 괜찮을까? 걱정했죠. 진짜 오래 기다려주고 어렵게 독립시켰어요. 독립한 뒤에도 걱정했는데 그 친구 요새는 일 잘하고 있답니다. 지난 달에 그 친구가 저한테 와서 웃으며 이렇게 말하지 뭐예요. '선생님, 제가 이번에 프리셉터를 하게 됐어요. 저요, 선생님이 저한테 해주신 것처럼 해주려고요. 선생님은 제가 못해도 화내지 않으셨고 천천히 기다려주셨어요.' 그 말을 듣는 순간, 울컥했어요. 내가 그렇게 했었나? 그때는 그냥 참았던 건데. 그 시간이 그 친구한테는 무르익는 시간이었던 거예요. 후배가 저를 따라해 보겠다니 이런 보람이 있을까요?

누군가에게 배움을 주었다는 것. 그것도 좋은 방식으로 배움을 주었다는 것. 이게 보람이에요. 월급이 오르거나 승진하는 것과는 차원이 다른 기쁨인거죠.

이런 고백도 있습니다. "프리셉티 독립시키고 나면 한동안 허전하기도 해요. 그 친구가 잘하는지 궁금하고요. 한 사람의 간호사가 되어 차근차근 해나가고, 잘 모르는 것은 질문하는 모습을 볼 때, 특히 마주칠 때마다 '선생님! 커피 사주세요!'하고 반갑게 인사하는 모습 보면 뿌듯해요. 내가 이 사람의 간호사 인생 초반에 괜찮은 영향을 줬구나. 이 생각하면 프리셉터 기간이 힘들었던 것도 모두 보상받는 느낌이랍니다."

내가 아는 것을 나눌 수 있을 때

병동 회의에서 후배가 이런 질문을 할 때가 있어요. "이 환자 케어는 어떻게 하는 게 좋을까요?"예전에는 막막했을 질문, 저도 누군가에게 질문해야 했던 것들이죠. 지금은 답할 수 있습니다. 경험이

쌓여 자신감이 되었기 때문이에요. "일단 지침과 사례를 함께 찾아
보자." 혹은 "나는 이렇게 했는데 효과가 있었어. 한번 이 방법을 시
도해 볼래요?" 이런 말을 할 수 있다는 게 신기합니다. 몇 년 전만 해
도 질문만 하는 쪽이었는데, 이제는 답하는 사람이 되었습니다.

전에는 선배들이 알려주는 걸 받아 적기만 했어요. 그런데 요즘은
제가 알려주고 있답니다. 설명하는 중에 저도 공부가 되고 정리가 되
더라고요. '아, 그게 이런 원리였구나' 하고 다시 배워요. 가르치면서
배우는 거였죠. 누군가에게 설명하려면 내가 정확히 알아야 하잖아
요. 그래서 다시 공부하게 돼요. 지침서도 뒤적이고, 프로토콜도 다
시 읽어 보고. 그러면서 '내가 이렇게 알고 있었구나' 확인하고 있습
니다.

시니어 간호사는 이런 표현을 해요. "예전에 저는 받기만 하는
사람이었어요. 지식도, 조언도, 위로도 주로 받는 사람. 그런데 어
느 순간부터 주는 사람이 되었더라고요. 도움을 주면서 느낍니다.
'아, 나도 이만큼 커서 줄 수 있는 사람이 됐구나.' 받기만 하던 사
람이 주는 사람으로도 바뀌더군요."

나눌 수 있다는 것, 그것도 자신 있게 나눌 수 있다는 것, 성장의
증거입니다.

　　　　　　　　　　　　　　　　오늘 마음

동료와 함께 웃을 수 있을 때

힘든 날에도 동료와 격려하면서 웃게 되는 날이 있어요. 손에 꼽을 만큼 바빴던 어느 날, 환자는 많고, 시간은 없고, 이벤트는 계속되는 날이었지요. 처방은 계속 나고, 보호자는 불만을 토로하고. 일하다 너무 목이 말라 간호사실에서 동료와 냉수를 들이키며 이런 이야기를 나누었어요. "이렇게 많은 일을 해내고 있네. 오늘 이 정도면 우리 잘하고 있지 않아? 아주 손발이 척척 맞구만." 까르르 웃으며 맞장구를 치고, 말 한마디에 초인적인 힘이 나더라구요.

또 다른 측면을 알려주는 3년 차 간호사도 있어요. "예전에는 힘들면 혼자 끙끙대고 퇴근하면 짜증내기 일쑤였죠. 그런데 요즘은 동료들한테 털어놓아요. '오늘 진짜 힘들었어. 잘 해보고 싶었는데 말이지' 하면, 다들 '나도 그래' 하면서 공감해 주고 혼자가 아니구나 싶을 때 힘이 나요."

또 다른 간호사는 이렇게 말해요. "근무 끝나고 함께 공원에 종종 산책 가는데 그 시간이 참 좋아요. 서로 요즘 어떻게 지내는지도 이야기하고, 병원 이야기를 할 때면 '그때 우리 진짜 고생했지?' 하며 힘들었던 이야기도 웃으며 하게 되더라구요. 사실 가족들과도 통하지 않는 동료들만의 공감대가 있어 힘이 되죠."

긴 호흡으로 변화를 만들어 갈 때

병동의 불편한 프로세스를 바꾸기 위해 6개월 동안 프로젝트를 진행했어요. 계획안을 쓰고, 회의에, 설득, 조율도 하고요. 원래 하던 대로 하자며 외면당하기도 했고 예산도 부족하고 시기도 안 맞는다는 피드백을 받으니 '내가 왜 이러고 있나' 하며 포기하고 싶었습니다. 원점으로 돌아가 "Why?"라는 질문을 반복하면서 되짚어보니 정말 필요한 일이라는 확신이 섰고, 새로운 전략으로 계속 노력한 결과 놀랍게도 프로세스를 바꾸었습니다. "이제 훨씬 편해졌어요. 선생님 덕분이에요." 동료의 이 한마디에 6개월의 노력이 자랑스럽습니다.

15년 차 간호사의 경험을 소개합니다. "투약 프로세스를 개선하는 TF에 참여했어요. 몇 달 동안 퇴근 후에도 회의하고, 쉬는 날에도 자료 만들고 정말 힘들었죠. 그런데 새로운 시스템이 도입되고 나서 후배들이 '알면서도 지키지 못해왔는데 이제야 제대로 되었어요. 원래 이렇게 하는 게 맞죠.' 하는 걸 들을 때, 뿌듯했어요. '내가 이 병동에 좋은 변화를 남겼구나. 내가 이동하더라도 이 시스템은 남아서 다른 사람들을 돕겠구나.'하며 스스로를 대견해합니다."

눈에 당장 보이는 성과는 아니지만, 모두를 위해 작지만 의미 있는 변화를 만들어 갑니다.

함께 환자를 살렸을 때

응급상황, 갑자기 발생한 cardiac arrest. 순간 머리가 하얘졌지만 몸이 먼저 움직이더라구요. 모두 달려와 각자의 역할을 수행했죠. CPR을 하고, 약을 준비하고, 환자의 가족을 케어하던 중 리듬이 돌아오고 환자가 회복됐어요. 모두가 서로를 바라보며 안도의 한숨을 쉬고 눈빛을 교환하며 '우리가 해냈어.' 그 순간의 짜릿한 뭔가가 흐르는 느낌은 말로 표현할 수가 없어요. 한 사람의 생명을 살렸다는 것. 용감하게 해낸 모두가 자랑스럽고. '맞아, 내가 이 일을 하는 이유가 여기 있구나. 내가 간호사로서 살아 있구나.'하며 깨닫게 됩니다.

ICU로 전동 간 환자가 회복되어서 병동으로 돌아와 이렇게 말합니다. "간호사님, 감사합니다. 간호사님이 그때 나를 발견하고 도와줘서 제가 살았어요." 그 말에 코끝이 찡합니다.

후배를 도우며 나 자신도 회복될 때

유독 지치고 힘듦이 계속되던 어느 날, 신입 후배가 갱의실에서 울고 있습니다. 가만히 있을 수 없어 다가가서 "무슨 일 있어요?"하고 질문합니다. 후배는 울먹이며 말합니다. "선생님, 저 너무 힘들어요. 제가 간호사 할 수 있을까요?" 그 순간, 과거의 자신이 보이며 비슷한 말을 했던 기억이 납니다. 그것도 같은 장소, 같은 표정으로.

"나도 그랬어요. 그런데 오늘 울고 있는 선생님을 보니까, 5년 전 바로 여기서 울었던 내가 지금은 선생님을 위로하고 있네요."

후배를 위로하면서 '나도 이렇게 힘든 시기를 견뎌냈구나' 하고 과거의 저를 토닥입니다. 후배에게 해주는 말이 결국 과거의 나에게 해주는 말인 거예요. '괜찮아, 넌 잘하고 있어. 시간이 지나면 나아질 거야.' 이 말을 후배한테 해줄 때면 과거의 저에게 해주는 말이 됩니다. 주는 것이 받는 것. 정말 신기하게도 후배를 위로하면서 내가 위로받고, 후배를 격려하면서 내가 격려받습니다.

어떤 간호사는 "제가 힘들 때 후배를 도와주면 제 기분이 오히려 나아지는 걸 느껴요. '나도 누군가에게 도움이 되는 사람이구나.' 하면서. 자기 연민에 빠져있다가도 다른 사람을 돕는 순간, 내가 누구인지 생각하며 나를 추스르고 더 씩씩해지고. 어쩌면 후배를 돕는 게 저를 제대로 돕는 것 같아요"라고 말합니다.

후배를 도우며 자신도 회복되는 것. 주면서 다시 받게 되는 것. 이렇게 선배로 성장합니다.

　　　　　　　　　　　　　　　　　오늘 마음

이 일이 아니었으면 만나지 못했을 것들

간호사로 일하면서 '왜 이 일을 시작했을까. 다른 길을 갈 걸' 하는 생각도 하지요. 돌이켜보면 간호사였기 때문에 얻은 것들, 이 길을 걷지 않았다면 절대 경험하지 못했을 것들이 있답니다. 중요한 순간에 사람이 있고, 배움과 성장이 있고 삶의 소중함이 담겨있죠. 다른 직업이었다면, 다른 길을 걸었다면 만나지 못했을 순간들이 떠오릅니다.

만나지 못했을 환자들

말기 환자가 마지막 순간에 손을 꼭 잡으며 "간호사님 덕분에 편안했어요"라는 말을 남기셨어요. 시간이 흐른 지금도 그 순간이 울림이 되어 마음에 남아 있습니다.

암 병동에서 근무하는 한 간호사는 이렇게 회상합니다. "많은 환자분이 돌아가셨어요. 그런데 그분들이 마지막 순간까지 제게 해주셨던 말들이 있어요. '간호사님 손길이 따뜻해요. 간호사님이 있어서 덜 무서워요.' 그 말들이 저를 간호사로 살게 해요. 제 존재가 누군가에게 위로였다는 것. 이게 저의 일의 의미예요. 임종기 환자의 마지막에 이제는 이런 위로도 해드릴 수 있어요. '○○○님,

지금 처음 가는 길을 가고 계셔요. 씩씩하게 잘 하고 계시네요. 용감하게 지내주셔서 감사해요. 오늘 편안하실 수 있게 간호해 드릴게요."

환자들이 힘들고 괴로울 때, 통증이나 슬픔에 휩싸이기도 하고 짜증내거나 화내기도 하지만 그 안의 '사람'을 돌보려 노력합니다. 가장 취약한 순간, 누군가의 인생에서 가장 어려운 순간, 때론 마지막에 함께 하는 것, 간호사가 아니면 할 수 없는 경험입니다.

만나지 못했을 동료들

같이 밤새 일하며 웃고 울었던 동료들, 힘들 때 버틸 수 있게 해준 선배들, 지금도 의지가 되는 친구들. 간호사가 아니었으면 이 사람들을 만나지 못했겠지요.

"신입 때 함께 힘들어했던 동기들이 지금은 제 삶에서 가장 소중한 사람들이에요. 다른 부서에 있지만 만나면 지금도 잘 통해요. 이 일이 아니었으면 이런 친구들 만날 수 없었겠죠."

"밤샘 근무 끝나고 함께 아침 먹으러 가던 그 시간들. 지금 생각하면 그게 다 소중한 추억이에요. 피곤했지만 함께여서 참 좋았어요. 그 친구들이 있어서 지금도 계속할 수 있고요."

힘든 시간을 함께한 사람들, 설명하지 않아도 통하는 동료가 있

오늘 마음

다는 건 행운이고 행복입니다.

한계 너머까지 해낸 일들

"나 이건 못할 것 같아…" 이런 생각을 수없이 했지만 많은 것을 해냈습니다. 새로운 곳으로 부서이동, 프리셉터 맡기, 프로젝트 완수하기처럼 자신의 한계라고 생각했던 선 너머의 일들이지요. 그 과정에서 이런 발견도 합니다. "나 생각보다 괜찮네."

한 간호사는 이렇게 회상합니다. "ICU로 발령 났을 때 정말 두려웠었죠. 그런데 6개월 지나니까 적응하고 있고, 1년 지나니까 '내가 ICU 간호사네' 싶더군요. 지금은 후배를 가르치고 있답니다. 그때 도망갔으면 지금의 저는 없었을 거예요."

못할 것 같았던 일을 해내는 경험들이 쌓이면 자신감이 되어 "그때도 해냈잖아. 이번에도 할 수 있어." 이렇게 말할 수 있게 됩니다.

또 다른 간호사는 이렇게 말해요. "처음 프리셉터 맡았을 때 정말 부담스러웠어요. '내가 잘 가르칠 수 있을까?' 물론 잘 해냈고, 결국 할 수 있는 일의 범위가 넓어진 거였어요."

바쁜 중에도 본질을 지키려 노력하기

정신없이 바쁠 때도 멈추고 생각하게 되었어요. "이게 환자를 위한 결정일까?" 다양한 경험을 하고 많은 환자를 간호하면서 알게 된 것은 업무는 달라져도 본질은 같다는 것입니다. 환자를 위한 윤리적 결정, 근거기반 간호, 이걸 지켜내는 것이죠. 사실 완벽하지 않지만 그래도 계속 노력하는 이 모습이 중요합니다.

응급실에서 근무하는 한 간호사는 이렇게 말합니다. "응급실에서는 모든 것이 빨라야 하고 특히 판단도 빨라야 해요. 하지만 '이렇게 하는 것이 맞나?' 멈춰서 생각함으로써 속도에 갇히지 않는 노력이 중요합니다. 빠른 것보다 제대로 해야죠."

선생님이 계시면 안심이 돼요

돌아보니 그 누구의 칭찬보다 후배가 해준 칭찬이 기억에 남습니다. 특별히 뭘 해준 것도 없어요. 그냥 실수해도 한숨 쉬지 않고, 바빠도 질문하면 멈추고, 차근차근 설명하며 "나도 그랬어"라고 공감해 준 것을 좋게 기억해 주며 이런 피드백을 해줍니다.

선생님은 실수해도 다그치지 않으셔서 좋아요.
항상 차근차근 설명해 주셔서 감사해요.
선생님을 보면서 많이 배웁니다.
선생님이 계셔서 병동 분위기가 좋아요.

오늘 마음

선생님 보면 저도 이렇게 되고 싶다는 생각이 들어요.

본받고 싶은 사람이 되는 것, 직책이 아니라 사람으로 신뢰받는 것, 이게 진짜 영향력이고 제대로 된 성공 아닐까요? 승진도 중요하지만, 후배들이 저를 믿고 편하게 물어볼 수 있는 사람이라고 생각해주는 기쁨이 큽니다. 누군가에게 안전한 사람이 되었다는 기쁨이지요.

멈추고, 듣고, 기다리는 것을 배운 것

초기에는 후배가 뭔가 말하려다 멈추면 먼저 답을 말해줬어요. "그건 이렇게 하는 거야. 빨리 이렇게 해." 나도 바빴기 때문이고, 한편 도와주고 싶었기 때문이었지요.

다르게 해보기로 했습니다. 질문 후 3초만 기다려도 답변의 질이 향상된다는 연구를 떠올립니다. 실제로 그래요. 조금 기다려주면 후배가 스스로 답을 찾아내죠.

"수혈을 해볼 거예요. 수혈 시 주의사항에 대해 아는 것을 먼저 말해 보세요." 하고 들어주며 머릿속 정리를 하게 도와줍니다. "오. 이미 많이 알고 있네. 이거 하나만 추가할까요?"라고 콕 짚어주면 더 잘 기억합니다. 초기에 제가 빨리 답을 줬다면 알지 못했을 후배의 저력을 발견하고 키워줄 수 있습니다. 후배가 스스로 해법을 찾아내면 그때 칭찬하고 격려해줍니다. "그렇지, 맞아요. 그게 좋은 방법이에요. 다음에도 그렇게 하면 돼요."

한 간호사는 이렇게 말합니다. "예전엔 빨리 알려주는 게 친절이라고 생각했어요. 그런데 아니더라고요. 재촉이 성장에 큰 도움은 안되더라구요. 스스로 생각할 기회를 주는 게 진짜 가르침이에요. 기다리는 단 몇초가 후배를 성장시켜요."

멈추고, 듣고, 기다리는 것. 자신도 배우는 순간의 힘이 되지요.

더 건강한 후배들

요즘 저연차 간호사들을 보면 예전과 정말 달라요. 우리 세대는 '일단 참고 버텨' 세대였지만 요즘 20대는 "왜요? 이유가 뭔데요?" 세대라고 합니다. 처음에는 이런 저연차 간호사들의 반응에 당황했지요.

"선생님, 제가 감기에 걸렸는데 그냥 출근하는 게 맞는지 모르겠어요. 환자들에게 옮기면 어쩌죠?" "이 두 검사가 서로 비슷한데 왜 접수 시간이 다른가요? 너무 헷갈려요."

예전 같았으면 그냥 참고 넘어갔을 것들을 질문해요. 처음엔 '요즘 애들은 왜 이렇게 까다로워?' 하는 생각도 했어요. 그런데 알고

 오늘 마음

보니 이게 더 건강한 거였어요. 고민을 혼자 감추는 대신 주변 사람들과 상의하고, 이유를 질문하며 맥락을 이해하려고 노력하는 것이 보입니다. 결과적으로 더 안전한 간호가 이루어지게 돼요.

한 간호사는 이렇게 말해요. "신입간호사가 '왜 이렇게 해요?' 질문할 때 처음엔 귀찮았어요. '원래 그런 거야'하고 싶었죠. 그런데 설명하다 보니 저도 '왜 이렇게 하지?' 생각하게 되더라고요. 그래서 함께 찾아보자고 하며 공부했어요. 알고 보니 더 나은 방법이 있었지요. 후배의 질문이 시스템을 바꾸게 만들었고, 이젠 후배들의 질문은 새로운 기회라는 생각을 합니다. 예전과는 달라진 제 시선이 썩 괜찮은 것 같아요."

그들의 방식을 이해하고 자신의 방식을 조금 조절하니까 소통이 되었고 결국 깨달았어요. 세대를 이어간다는 건 자신의 방식을 고집하는 게 아니라 서로의 장점을 연결하는 것입니다. 내 세대의 끈기와 그들 세대의 질문하는 용기. 이 둘이 만나면 더 좋은 간호로 이어집니다.

올드 간호사가 된다는 것

간호사를 시작할 때는 이런 꿈을 꿉니다. 빨리 능숙해지고, 실수도 줄고, 저 선배님처럼 후배들을 자신 있게 가르치는 모습. 5년만 지나면, 10년만 지나면 그렇게 될 줄 알았어요. 그런데 5년이 지나도, 10년이 지나도 여전히 힘든 날이 있고, 예상치 못한 실수를 하고, 후배 앞에서 당황할 때가 있어요. '아직도 이러네' 싶을 때가 있습니다.

완벽해지는 건 생각보다 오래 걸리고, 어쩌면 영영 오지 않을 수도 있답니다. 그게 처음엔 좌절스러웠어요. '나는 왜 안 될까? 이렇게 오래 했는데도?' 그러다 깨닫습니다. 실수없이 완벽해지는 게 성장이 아니었다는 걸요.

'멋진 올드 간호사' '좀 더 여유 있는 사람' '괜찮은 간호사.' 우리가 꿈꾸는 성장의 모습이에요. 그런데 자세히 보면 이 말들 속에 "완벽한"이라는 단어는 없습니다. "여유 있는" "괜찮은"이라는 말이 있죠. 이 말들에는 불완전한 모습이 담겨 있어요.

어느 순간 "나 아직 멀었어" "아직 부족해"라는 말 대신 "그래, 이 정도면 괜찮아"라고 말합니다. 언제부터였을까요? 분명 제가 완벽해져서 그런 것은 아니에요. 여전히 실수하고, 여전히 모르는

  오늘 마음

게 많고 힘든 날도 있지만 다른 선택의 결과입니다.

확실히 달라진 게 있어요. 상황이 아니라 그 상황을 바라보는 시각이에요. 같은 일을 겪어도 그 너머를 보고, 새롭게 해석하고, 달리 반응하고, 다르게 회복하는 것. 이것이 올드 간호사가 되는 과정이지요. 일의 완벽함이 아니라 사람의 성숙함. 칼퇴뿐 아니라 확실하게 업무하기. 실수 안 하기가 아니라 실수해도 덜 무너지기. 모든 걸 아는 게 아니라 모르는 것을 스스로 인정하고 공부하기. 이런 것들이 진짜 성장이었어요.

같은 상황을 다르게 보다

어려운 상황도 달리 볼 수 있습니다. 호출 벨을 자주 누르는 환자를 간호하는 상황을 생각해볼까요? '또 호출이네…' 하고 귀찮음의 프레임으로만 보면 부정적인 감정에 휩싸이고 사고가 제한돼요. 그런데 다르게 보기로 해볼까요? "호출벨이 자주 울리네. 이 환자분 불편한 다른 요인이 있나? 내가 놓치고 있는 건 뭘까? 액팅에서 누락한 부분이 있었나?" 이렇게 질문하면 '도움이 필요한 환자'로 바라보게 됩니다. 프레임이 달라지면 태도, 판단, 선택이 달라지지요.

동료도 다르게 볼 수 있어요. 특히 같은 실수를 반복하는 신입간호사를 볼 때면 이해되지 않고 화나고 답답할 수 있어요. 너그럽지 못해 꽁해진 나를 마주하면 '행여 이런 모습이 무려질까' 겁이 나기도 하죠. 그래도 노력을 계속하면 어느 순간 다르게 볼 수 있습니다. "그래, 그럴 수 있지. 나도 그랬어."

실수가 작아 보여서가 아닙니다. 실수는 여전히 실수이지만 실수 너머 애쓰고 있는 마음을 보게 돼요. '저 친구도 나이트 끝나가는 시점이라 피곤해서 집중력이 흐려졌나 보다. 아는 범위에서 해 보려고 노력했구나.' 최선을 다했지만 순간 놓친 것과 잘하고 싶은 그 마음이 보입니다.

시니어 간호사가 이렇게 말하네요. "어떤 선배를 보며 '나는 저렇게 안 될 거야' 다짐했어요. 그런데 10년 차가 되고 나니 그때 그 선배 마음이 이해되더라고요. 선배님은 걱정을 하셨던 거죠. 그런데 그 마음에 애정을 담아 표현하지는 못하셨던 것 같아요. 그래서 저는 그 한 끗만 다르게 애정도 담아 표현해 보려고요. 지금은 후배가 실수해도 '아, 나도 그랬지'하고 혼잣말부터 하고 저를 조절하려고 노력한답니다."

한계를 알게 되었을 때, 더 단단해지다

이런 다짐을 합니다, '모든 환자를 완벽하게 돌봐야 해. 하나라도 놓치면 안 돼.' 현실은 동시에 5명이 입원하고, 각자 다른 사정

(needs)으로 급하고, 예상치 못한 응급상황이 벌어지죠. 이럴 때 '나는 완벽한 간호사가 될 수 없구나' 하고 좌절하거나 자책에 빠지기 쉽습니다. 고수는 장애물 앞에서 다른 선택을 합니다. 길이 막히면 돌아가는 겁니다.

이렇게 말하는 동료가 있어요. "예전에는 모든 환자 라운딩을 완벽하게 마쳐야 마음이 편했어요. 돌발상황이 생기면 다 무너지고 자책하기 일쑤였죠. 그런 방식으로 일하다 보니 제 프리셉티도 비슷하게 힘들어하더라고요. 그래서 말해줬어요. '우선순위를 적용할 순간이에요. 지금은 이 환자가 가장 급해요. 그 외 환자는 안정되어 계시니까 그 다음에 갑시다.' 이렇게 하니까 실수해도 덜 흔들려요."

완벽할 수 없다는 걸 인정했다고 해서 노력을 멈춘 게 아니지요. 오히려 반대예요. 완벽하지 않아도 된다는 걸 알고 나니 생긴 변화들. 실수해도 덜 무너지고, 못하는 게 있어도 덜 자책하고, 도움을 청하는 게 덜 부끄러워집니다.

선배 간호사가 이렇게 말해요. "예전에는 모르는 게 있으면 들키지 않으려고 혼자 끙끙댔어요. 그런데 지금은 '이 부분은 나도 잘 몰랐어.' 하고 드러낼 수 있게 되었어요. 그랬더니 신기하게도 후배들이 더 편하게 질문하더라고요. 완벽을 살짝 내려놓으니 오히려 병동 분위기가 좋아졌어요."

상대가 원하는 방식으로 돕는 법을 배우다

후배가 힘들어할 때 자신의 방식대로 조언하곤 했어요. "이렇게 하면 돼!" "내가 해봐서 아는데, 이 방법이 최고야." 진심으로 도와주고 싶어서 자신이 시행착오를 겪으며 찾아낸 방법을 알려주고 싶었던 겁니다. 그런데 후배가 뭔가 개운치 않은 표정으로 고개만 끄덕이고 돌아서는 거예요. '내가 이렇게 좋은 방법을 알려줬는데 왜 저럴까? 요즘 후배들은 배우려는 의지가 없나?'하며 섭섭한 마음이 들더군요. 이제와 생각해 보면 그때 후배가 원했던 도움은 다른 것이었을 수 있습니다.

이런 경험도 했어요. 신입 후배가 체크리스트 작성에 어려움을 겪길래 방법을 꼼꼼히 알려줬어요. "나는 이렇게 하면 하나도 안 빠뜨려. 이 순서대로만 하면 돼." 그런데 며칠 후 그 후배가 또 같은 실수를 하더래요. 화가 났죠. '내가 그렇게 알려줬는데 왜 안 듣지?' 그러다 문득 '후배가 원했던 건 체크리스트 작성법이 아니었을 수도 있다'는 걸 깨달았어요. 어쩌면 "선배님도 이런 실수 하셨어요?"라는 질문을 하고 공감받고 싶었던 건 아니었을까? '나만 이렇게 못하는 걸까?'라는 불안을 달래고 싶었던 건 아니었을까 하는 생각을 하게 되었습니다. 마음의 불안이 행동으로 나오니까요.

점차 달라졌고 이젠 먼저 질문해요. "지금 뭐가 제일 힘들어요?” “내가 어떻게 도와주면 좋을까요?” 이 질문 하나가 모든 걸 바꿔주었어요. “그냥 누군가에게 털어 놓고 싶었어요”라는 답을 듣기도 했고, 어떤 후배는 “선배님은 어떻게 하셨어요?”라고 질문합니다. 같은 상황이어도 필요한 건 다를 수 있습니다.

상대가 원하는 방식으로 돕는 것. 이게 올드 간호사로서의 성장이에요. 자신의 방식이 아니라 상대에게 맞는 방식을 찾는 거죠. 그러려면 ‘내 방법이 최고야’라는 확신을 내려놓는 것이 먼저예요.

후배에게서 과거의 내가 보여 더 애정이 가다

후배가 실수를 하고 근무가 끝났는데 풀죽은 표정으로 앉아있어요. 처음엔 “괜찮아, 다음부턴 조심하면 돼”라고 말해줬어요. 그런데 후배가 고개를 더 떨구네요. 그제야 깨달았죠. 지금 필요한 건 다음을 위한 조언이 아니라 지금의 위로라는 걸요. “나도 3년 차 때 그런 실수했어요. 그때 정말 무섭고 창피했지요”라고 말하자 후배가 고개를 들며 “선배님도요?”하고 질문해 옵니다. 그러면서 그제야 후배가 참았던 울음을 터뜨리더군요. 안심의 눈물일까요. 후배의 눈물 속에서 과거의 자신을 보며, 좀 더 공감하게 되었어요.

제가 하는 위로는 “넌 할 수 있어”가 아니라 “나도 그랬어”로 바뀌었어요. “나도 그랬어”는 마법 같은 말이에요. 이 한마디가

'나만 이런 게 아니구나, 통과의례구나. 시간이 지나면 나도 저 선배처럼 될 수 있겠구나.' 격려보다 훨씬 강력한 응원이죠.

처음엔 저도 실수했다는 고백이 부끄러웠습니다. '내 약점을 보이는 건 아닐까? 후배가 날 만만하게 보면 어떡하지?' 걱정했지만 신기하게도 약점을 드러낼수록 후배와의 거리가 가까워졌어요. 후배들이 더 편하게 질문했고, 실수를 숨기지 않고 먼저 말하더라고요.

완벽한 선배는 동경의 대상이지만, 불완전한 선배는 동행자입니다. 신입간호사들이 필요한 건 저 멀리 있는 완벽한 롤 모델이 아니라 조금 앞서 걷고 있는 선배거든요. 반걸음만 앞서가며 동행하기로 합니다. 그럴 때 따라갈 용기가 더 생겨요.

후배를 이해하는 일이 어렵다고요? 맞습니다. 과거의 자신을 후배에게서 발견하는 공감은 한 번에 되는 일이 아니라 시간이 필요한 성장의 차원입니다. 5년, 10년이 지나고 나서야 '아, 내가 그랬지' 할 수 있게 됩니다. 그 시간 동안 자신의 과거와 화해하는 과정을 거쳐야 하죠. 후배를 보며 과거의 자신을 보는 것. 나도 그랬다고, 너도 괜찮다고 말해줄 수 있는 거죠. 이 말은 후배에게만 위로가 되는 게 아니라 나 자신에게도 위로가 돼요. '그래, 나도 그랬어. 그런데 지금 여기까지 왔잖아. 나 괜찮은 간호사야.'

　　　　　　　　　　　　　　　　　　　　오늘 마음

간호사는 하루에도 여러 번 마음을 내려놓게 됩니다. 환자를 위해, 동료를 위해, 팀을 위해, 그리고 '지금은 내가 흔들리면 안 된다'는 역할을 지키기 위해 자신의 마음을 잠시 뒤로 미루게 됩니다. 다만 내려놓은 마음이 어디로 갔는지 모른 채 다음 근무로 넘어가게 될 때, 그 마음은 사라지지 않고 쌓이기 시작합니다. 쌓인 마음은 어느 날 한숨이 되거나 날카로운 말이 되기도 하고, 이유 없는 눈물이 되기도 합니다.

이 책이 그 쌓임을 많이 없애 드리지는 못합니다. 대신 쌓이기 전에 알아차리도록 돕고자 합니다.

감정에 이름을 붙이는 순간, 마음은 폭발 대신 언어가 됩니다.

욕구를 확인하는 순간, 자책은 요청으로 바뀝니다.

선택지를 만드는 순간, 감정이 아닌 내가 다시 운전석으로 돌아오게 됩니다. 상황은 그대로일 수 있지만 마음의 핸들은 다시 내 손에 잡히게 됩니다.

공감은 단지 "괜찮다"고 말해주는 기술이 아닙니다. 공감은 "그 마음이 생길 만했다"는 사실을 함께 확인해주는 태도입니다.

통찰은 '정답'을 찾는 일이 아닙니다. 통찰은 '내가 무엇을 어떻게 해석했는지'를 알아차리는 일입니다. 솔루션은 거창한 변화가 아닙니다. 다음 근무에서 딱 한 가지를 바꾸는 작은 선택입니다. 이런 연습이 지속될 때, 조금 덜 무너지고, 조금 더 회복하게 됩니다.

이 책을 덮는 지금 이 순간에도, 병원 어딘가에서는 다급한 상황들이 여기저기서 벌어지고 있을 겁니다. 누군가는 실수했을 것이고, 또 누군가는 누군가를 붙잡아 세워줄 겁니다. 저희는 간호의 본질이 완벽함이 아니라 회복에 더 가깝다고 믿게 되었습니다. 넘어지지 않는 사람이 아니라, 넘어져도 다시 털고 다음 환자에게 가는 사람. 그 사람이 간호사입니다.

오늘의 마음은 내일의 손이 됩니다. 그 손은 환자를 만지고, 동료의 어깨를 두드리며, 후배의 떨림을 알아차립니다. 마음을 돌보는 일은 사치가 아니라 직무의 일부입니다. 마음을 챙기는 간호사가 더 오래, 더 안전하게, 더 따뜻하게 일할 수 있습니다. 따뜻함이 먼저 자신과 동료에게 전해질 때 그 온기는 환자에게 오랫동안 머물 것입니다.

오늘도 선생님을 응원합니다.

미주

1 Kashdan et al. (2016), Unpacking emotion differentiation: Transforming unpleasant experience by perceiving distinctions in negativity. Current Directions in Psychological Science, 24(1), 10-16. 사람들이 자신의 화를 더 세밀하게 들여다보도록 훈련받았을 때 그 아래 있는 진짜 감정을 발견했고, 이것을 인식하자 대인관계 갈등이 현저히 줄어들었다고 보고.

2 Michelle Shiota et al. (2017), Beyond happiness: Building a science of discrete positive emotions. American Psychologist, 72(7), 617-643. 화를 적절하게 표현하는 것이 오히려 관계를 건강하게 만들 수 있다는 것을 발견.

3 Marc A. Brackett (2019), 감정의 발견 Permission to Feel.

4 Lisa F. Barrett (2017), 감정은 어떻게 만들어지는가? How Emotions Are Made: The Secret Life of the Brain. 감정은 뇌의 예측(prediction)과 해석을 통해 구성된다는 감정 구성 이론 제시. Emotions are not reactions to the world. You are not a passive receiver of sensory input but an active constructor of your emotions. From sensory input and past experience, your brain constructs meaning and prescribes action.

5 Antonio Damasio (1994), 데카르트의 오류 Descartes' Error: Emotion, Reason, and the Human Brain. 전두엽 손상 환자 'Elliot' 사례 및 감정 결손과 의사결정 장애에 대한 임상적 관찰 사례. 엘리엇은 점심 메뉴를 고르는 데 2시간을 소비했고, 어떤 펜을 사용할지 30분 동안 고민했으며, 회의 일정을 잡는 데 하루 종일 걸렸다.

6 Sigal G. Barsade (2002), The Ripple Effect: Emotional Contagion and its Influence on Group Behavior. Administrative Science Quarterly, 47(4),

오늘 마음

644-675. 조직 내 감정 전염이 집단 행동과 성과에 미치는 영향을 분석.

7 John M. Gottman (1994), What Predicts Divorce? John M. Gottman (1999), 행복한 결혼을 위한 7원칙 The Seven Principles for Making Marriage Work. 부부간의 상호작용과 감정 표현이 관계의 지속성을 예측한다는 것을 보여준 연구.

8 Sheldon Cohen et al. (1998), Types of stressors that increase susceptibility to the common cold in healthy adults. Health Psychology, 17(3), 214-223. 건강한 자원자 400여 명에게 감기 바이러스를 투여한 실험 결과, 만성 스트레스를 받는 사람이 그렇지 않은 사람보다 감기에 걸릴 확률이 2배 이상 높았음.

9 James W. Pennebaker & Cindy K. Chung (2011), Expressive writing: Connections to physical and mental health. The Oxford Handbook of Health Psychology 감정 표현과 건강 지표의 관계에 대한 종합 연구.

10 Teresa Amabile & Steven Kramer (2011), 전진의 법칙 The Progress Principle: Using small wins to ignite joy, engagement, and creativity at work. 실제 직장인의 업무 일지 약 12,000개를 분석하여 감정과 창의성 · 성과의 관계를 입증.

11 Angelina Walker (2018), Nursing Satisfaction Impacts Patient Outcomes, Mortality. https://nurse.org/articles/nursing-satisfaction-patient-results/ 대규모 병원 시스템에서 간호사 직무 만족도와 투약 오류 감소의 연관성을 보고.

12 Tiffany A. Ito et al. (1998), Negative information weighs more heavily on the brain: The negativity bias in evaluative categorizations. Journal of Personality and Social Psychology, 75(4), 887-900.

13 Roy F. Baumeister et al. (2001), Bad Is Stronger Than Good. Review of General Psychology. 5(4). 323-370.

14 Matthew D. Lieberman et al. (2007), Putting Feelings Into Words: Affect Labeling Disrupts Amygdala Activity in Response to Affective Stimuli. Psychological Science 18(5). 421-428.

15 Lisa J. Burklund et al. (2014), The common and distinct neural bases of affect labeling and reappraisal in healthy adults. Frontiers in Psychology 5, Article 221. 감정에 더 구체적인 이름을 붙일수록 편도체 활성화 감소 효과가 더 크다는 것을 발견. 2015년 Emotion 저널에 발표된 후속 연구에서도 유사한 결과 확인.

16 마셜 로젠버그 (2004), 비폭력 대화

17 James W. Pennebaker & Sandra K. Beall (1986), Confronting a traumatic event: Toward an understanding of inhibition and disease. Journal of Abnormal Psychology, 95(3), 274-281.

18 Li-Jun Ji, Zhiyong Zhang & Richard E. Nisbett (2004), Is it culture or is

it language? Examination of language effects in cross-cultural research on categorization. Journal of Personality and Social Psychology, 87(1), 57-65.

19 Bertram R. Forer (1949), The fallacy of personal validation: A classroom demonstration of gullibility. Journal of Abnormal and Social Psychology, 44(1), 118-123.

20 정일진 & 박민아 (2010), DISCplus FT 매뉴얼, 코칭 플러스.

21 Chan-Young Kwon et al. (2021), Emotional Labor, Burnout, Medical Error, and Turnover Intention among South Korean Nursing Staff in a University Hospital Setting. International Journal of Environmental Research and Public Health, 18, 10111.

22 Amy C. Edmondson & Michaela J. Kerrissey (2025), What People Get Wrong About Psychological Safety. Harvard Business Review, May-June.

23 Yang Luo et al. (2026), Impact of Psychological Resilience on the Fear of Pain and Activity Recovery in Postsurgical Patients. JMIR Form Res 2025, vol. 9.

24 병원간호사회 (2024), 병원간호인력 배치현황 실태조사

25 Daniel J. Levinson (1996), 여자가 겪는 인생의 사계절 The Seasons of a Woman's Life.

26 Gail Matthews (2007), The Impact of Commitment, Accountability, and Written Goals on Goal Achievement. 87th Convention of the Western Psychological Association. https://mmb-s3.s3.amazonaws.com/2015/11/goals-study-gail-matthews.pdf

27 Edwin A. Locke & Gary P. Latham (1990), A theory of goal setting and task performance.

28 Meg Jay (2022), 인생의 가장 결정적 시기에서 The Defining Decade: Why Your Twenties Matter: And How to Make the Most of Them Now.

오늘 마음

이 시대 간호사를 위한

오늘 마음

초판 1쇄 발행 2026년 4월 27일

지은이 박민아, 베일리, 정일진

편집 플랜비디자인 편집부
표지 디자인 스튜디오 사지
내지 디자인 공홍

마케팅 총괄 임주성 이유림
마케팅 안보라
경영지원 이지원

펴낸곳 플랜비디자인 | **펴낸이** 최익성
출판등록 제2016-000001호
주소 경기도 화성시 동탄첨단산업1로 27 동탄IX타워 A동 3418호

전화 031-8050-0508 | 팩스 02-2179-8994
이메일 planb.main@gmail.com | **인스타** @planb_designcompany

ISBN 979-11-6832-256-1 (03320)

ORGANIZATION
DEVELOPMENT
07